TRAITÉ DES CINQ ROUES

«Spiritualités vivantes»

MIYAMOTO MUSASHI

Traité des Cinq Roues

GORIN-no-SHO

Introduction, traduction intégrale
et épilogue
par M. et M. Shibata

Albin Michel

Albin Michel
■ *Spiritualités* ■

*Collections dirigées
par Jean Mouttapa et Marc de Smedt*

Première édition .
© G.-P. Maisonneuve et Larose, 1977

Édition de poche :
© Éditions Albin Michel, 1983

PRÉFACE

Le shintoïsme, le bouddhisme et le bushido sont le ternaire de la spiritualité japonaise. De ce ternaire, nous avons déjà publié le « Kojiki » pour le shintoïsme, les « Dialogues dans le Rêve » pour le bouddhisme et maintenant le « Traité des Cinq Roues » pour le bushido. Ce dernier texte complète exactement les deux premiers et aucun des trois ne saurait être oublié si l'on veut vraiment connaître l'esprit japonais. Ce sont de grands classiques.

Le mot « Bushido » désigne la Voie des samouraïs (samouraï = bushi). La traduction française commune du mot « bushido » par : « Code d'honneur des samouraïs » est trop conventionnelle.

Nous avons effectué une première traduction du « Traité des Cinq Roues » pour les Editions Judo International qui la publièrent dans la revue *Budo Magazine* entre 1969 et 1971. Pour la présente traduction, nous avons consulté trois nouveaux textes en plus du « Traité des Cinq Roues » : 1) Celui publié dans Iwanami-bunko (Manuels Iwanami, Tokyo) et commenté par Takayanagi Mitsutoshi ; 2) Celui publié dans la série : « Pensées japonaises. LXI. Théories artistiques des Temps Modernes » (édité par Iwanami, Tokyo) et commenté par Watanabe Ichiro ; 3) Enfin celui publié par le Groupement d'Etudes sur la Gestion, Tokyo, traduit en japonais moderne par Kamiko Tadashi. Les interprétations de chacun des auteurs de ces trois textes sont différentes et nous avons adopté tantôt l'une tantôt l'autre.

Le « Traité des Cinq Roues » constitue non seulement un excellent livre de base pour ceux qui pratiquent les arts martiaux, les militaires, etc., mais encore il attire tellement les hommes d'affaires qu'au Japon, le Groupement d'Etudes sur la Gestion a dû en éditer lui-même un texte.

I.

Vie de Musashi

Miyamoto Musashi est le plus fameux escrimeur du Japon. Contemporain de d'Artagnan, il est demeuré aussi populaire au cœur des Japonais que notre héros national et, de même que le grand romancier français, Alexandre Dumas, a contribué à l'immortalité de d'Artagnan, le grand romancier japonais, Yoshikawa Eiji, a immortalisé Miyamoto Musashi. Yoshikawa Eiji est un écrivain populaire contemporain dont les œuvres complètes sont actuellement en cours d'édition chez Kodan-sha (Tokyo) en 155 volumes. Déjà, il existe une version française de sa « Chronique des Heike » publiée par Albin Michel. Un film japonais intitulé : « Miyamoto Musashi » fut primé en 1955 au cours d'un festival cinématographique. Musashi mena une soixantaine de duels qui donnèrent naissance en lui à une certaine philosophie de la tactique qu'il exposa, deux années avant sa mort, dans « Traité des Cinq Roues ».

Le titre japonais de cet ouvrage, « Gorin-no-Sho » (en fr. « Traité des Cinq Roues ») a une origine bouddhique. En effet, la roue est le symbole de la prédication bouddhique. Au Japon, dans certains cimetières et certains jardins de temples, on rencontre souvent des pagodons à cinq étages, appelés *gorintô* (go = cinq, rin = roue, tô = pagode) qui figurent les cinq éléments, qui sont, en partant de la base cubique : Terre, Eau, Feu, Vent, Vide. Tout comme ces cinq éléments représentant la nature entière, Musashi a voulu exposer toute sa philosophie de la tactique en s'aidant de ces cinq éléments et en progressant à l'aide des cinq roues.

La vie de Musashi, en dépit de l'abondance des documents le concernant, est mal connue. Les historiens d'aujourd'hui prétendent que ce qu'il y a de plus sûr est ce que Musashi a écrit lui-même dans « Traité des Cinq Roues ». Cent ans après la mort de Musashi parut une biographie intitulée « Niten-ki » (Niten est le pseudonyme qu'utilisait Musashi pour signer ses peintures. Ce mot signifie « Deux ciels »; ki = biographie). Ce livre a pour base des récits de vieux conteurs. Il y est question des ancêtres de Musashi, de sa naissance, des événements de sa vie jusqu'à ses obsèques. Tout ce que relate ce livre ne peut être pris pour véridique. Nous y puiserons les épisodes les plus fameux, connus de tous les Japonais, en y ajoutant des détails importants : atmosphère sociale de l'époque, philosophie de Musashi, etc., issus d'autres sources.

Musashi naquit en 1584 dans la province Harima (préfecture actuelle de Hyôgo). On était encore en pleines guerres civiles (celles-ci se déroulèrent de 1490 à 1600). A ce moment, le shôgun Toyotomi Hideyoshi

Préface

s'employait à unifier le Japon. Pour les lecteurs européens nous situerons plus précisément cette époque en disant qu'en 1543 des Portugais introduisaient des armes à feu au Japon et que saint François Xavier prenait un premier contact avec la terre japonaise le 15 août 1549. Ainsi Musashi naquit à une période des plus importantes de l'histoire du Japon. Son grand-père était un très bon escrimeur et son seigneur Shimmen Iganokami, en récompense, lui permit de porter son nom de famille. C'est pourquoi Musashi a signé ce livre (« Traité des Cinq Roues ») du nom de Shimmen Musashi. Le père de Musashi s'appelait Munisai. Pour des raisons obscures, peut-être à cause de la jalousie qu'il avait suscitée autour de lui, il s'éloigna de l'entourage du seigneur Shimmen et se retira dans le village de Miyamoto-mura situé aux alentours. Il semble que Musashi y soit né et ce serait là l'origine du surnom qui lui fut donné : Miyamoto Musashi.

Il avait 7 ans lorsque son père mourut. Nous connaissons mal la première enfance de Musashi. Selon une légende qui semble sans fondement, Musashi se serait moqué de son père escrimeur et aurait fini par l'impatienter. Ainsi, un jour que Munisai était occupé à se tailler un cure-dent, à bout de patience il lança son couteau en direction de Musashi qui l'esquiva de la tête. Encore plus furieux, Munisai aurait lancé une seconde fois son couteau en direction de son fils. Mais Musashi sut l'esquiver à nouveau. Hors de lui, Munisai l'aurait chassé de son foyer et Musashi aurait été recueilli par un monastère auquel appartenait son oncle moine, frère de sa mère. Nous n'avons aucune preuve de la véracité de tout ceci. Toutefois cela nous montre bien que Musashi, dès son enfance, devait avoir un caractère indomptable. Les événements que nous venons de relater se seraient déroulés alors que Musashi n'avait que 9 ans.

A l'âge de 13 ans il livra son premier combat contre Arima Kihê (1596). Cette année-là le shôgun Toyotomi Hideyoshi envoyait pour la seconde fois une armée en Corée. Le Japon était en état de guerre et l'escrime y était très en vogue dans l'atmosphère de brutalités qui régnait. Dans cette ambiance il n'est donc pas étonnant qu'un enfant parmi tant d'autres ait eu un caractère bagarreur. Une autre tradition veut que bien qu'il n'eût alors que 13 ans, il ait paru en avoir 16 ou 17. Arima Kihê était un expert au maniement de la lance et du sabre. Dès le premier instant leur combat fut un corps à corps. Musashi avait saisi Kihê et l'avait projeté à terre. Au moment où Kihê s'apprêtait à se relever, Musashi le frappa avec un bâton. Kihê cracha du sang et mourut.

Musashi avait 15 ans lorsque mourut le shôgun Toyotomi Hideyoshi. Au lieu de soutenir la légitimité du fils de ce dernier, Tokugawa Ieyasu manœuvra pour s'emparer du pouvoir shôgunal. Ce fut l'origine de la bataille de Sekigahara (1600) et de la division du Japon en deux camps. (Voir : « Histoire du Japon des Origines à nos Jours », par Roger Bersihand (Paris, Payot), page 187 et suivantes.) Musashi n'avait alors que 17 ans et le Niten-ki ne lui consacre qu'une seule ligne au moment de cette bataille : « L'action de

Préface

Musashi était plus vive que celle des autres. Tous les militaires le connaissent. » Grâce à leur victoire, les Tokugawa prirent le pouvoir en 1603 et installèrent deux ans plus tard leur nouvelle capitale shôgunale à Edo (actuelle Tokyo). Musashi avait alors 20 ans.

A 21 ans, il livrait l'un de ses plus fameux combats dans la banlieue nord de Kyoto. Ses adversaires appartenaient à la famille Yoshioka, dont il combattit successivement trois membres. Les Yoshioka avaient été traditionnellement les maîtres d'armes de la famille shôgunale Ashikaga qui détint le pouvoir de 1338 à 1573. Le premier combat qu'il mena contre eux l'opposa à Yoshioka Seijuro, armé d'un véritable sabre, tandis que lui, Musashi n'avait qu'une sorte de sabre en bois. Musashi ne frappa qu'un seul coup et Seijuro s'écroula. Musashi l'abandonna. Les élèves de Seijuro le placèrent sur une civière de fortune et le ramenèrent chez lui pour le soigner. Il recouvra sa santé, mais, humilié, il abandonna complètement son métier et rasa désormais sa chevelure.

Furieux, Denshichiro, jeune frère de Seijuro, provoqua Musashi en duel. Denshichiro était de stature imposante et combattait avec un long sabre. Tout d'abord Musashi retarda volontairement son arrivée au combat, prévoyant ainsi une certaine irritation chez son adversaire. Très vite Musashi désarma la main ennemie et abattit d'un coup Denshichiro qui, ayant le crâne défoncé, mourut sur le coup.

Dans son troisième duel l'opposant à la famille Yoshioka, il eut pour adversaire le propre fils de Seijuro, Matashichiro, accompagné de plusieurs de ses élèves. Selon le Niten-ki, Musashi, à la fin de sa vie, aurait laissé apparaître un peu de sa psychologie au moment crucial de ce troisième duel : « Il est vraiment difficile de maintenir sa position face aux événements », dit Musashi en commençant d'évoquer ses souvenirs : « Une certaine année, je m'étais engagé dans un duel contre Yoshioka Matashichiro sous les pins de Ichijôji-mura dans la banlieue nord de Kyoto. Auparavant l'un de mes élèves vint me dire :

« Pour Matashichiro vous êtes l'ennemi de son père et de son oncle. J'ai appris qu'il se fera accompagner de nombreux élèves de son père afin de vous encercler. Pour vous cela se résume à aller à la mort et c'est un réel danger. Je voudrais vous accompagner et vous aider à vous défendre. »

Musashi lui répondit : « Si l'on combat en groupe cela ressemble à un combat partisan, ce que la réglementation publique interdit formellement. Cela ne doit pas se faire. Si même un seul parmi vous m'accompagne, n'est-ce pas déjà enfreindre le règlement ? Je pense n'avoir rien à craindre des tactiques adverses.

« Ainsi je repoussai la proposition amie. L'autre année, lors de mes duels avec son père Seijuro et son oncle Denshichiro, j'étais arrivé en retard et les ai vaincus. Mais cette fois, au contraire, je désirais arriver plus tôt. Dès le chant du coq, je marchai seul. En sortant de Kyoto, je vis un sanctuaire le long du chemin et pensai que c'était un bonheur pour moi d'avoir trouvé un sanctuaire sur ma route et qu'ainsi je pourrais prier pour ma victoire. Au pied de l'autel je

Préface

m'apprêtais à tirer le cordon sacré de la cloche avant de commencer ma prière, lorsque soudain je songeai que jamais je n'avais cru en Bouddha et autres divinités. Mais tout à coup, face au danger, je me mettais à les vénérer. Comment les divinités allaient-elles prendre cela ? Ne nous ramollissons pas ! me dis-je. J'abandonnai le cordon sacré et m'éloignai vite de l'autel. La sueur de ma honte inonda mon corps jusqu'aux talons. Je me hâtai jusqu'aux pins. Il ne faisait pas encore jour, le silence était total. Je me dissimulai sous les pins. Peu de temps après Matashichiro, accompagné de quelques amis, arriva. Ils portaient tous des lanternes. Alors Matashichiro dit que cette fois encore j'allais arriver en retard. Tandis qu'ils parvenaient sous les pins je criai : « Je vous ai attendus » et je fonçai dans le tas. Stupéfait, Matashichiro tenta de tirer son sabre mais je le pourfendis. Ses compagnons, revenant peu à peu de leur surprise, passèrent à la contre-offensive soit à la lance soit en tirant des flèches sur moi. Seulement, une flèche traversa le bas de ma manche et je m'en tirai sans aucune blessure. Je fonçai sur eux et tous s'éparpillèrent en s'enfuyant en hâte. C'est ainsi que j'eus la victoire. Lorsque plus tard je venais à me souvenir de ce qui m'était arrivé en passant devant le sanctuaire je comprenais bien comme il est difficile de maintenir une position face aux événements. »

Musashi aimait à reproduire le précepte suivant en belle calligraphie :

« Il faut vénérer les bouddhas et divinités.

Mais ne pas compter sur eux. »

La même année, un moine de Nara appartenant à la secte Nichiren et qui était très expert au maniement de la lance, rencontra Musashi. Par deux fois, ils se mesurèrent, le moine avec sa lance et Musashi avec son court sabre de bois, mais le moine ne l'emporta pas. Il admira la tactique de Musashi et l'invita à arroser cela dans son temple. Ils bavardèrent amicalement jusqu'au petit matin où ils se séparèrent.

Dans la province Iga, renommée au Japon pour son école traditionnelle d'espionnage, vivait Shishido expert dans l'art de manier un type d'arme japonaise appelée « faucille à la chaîne » (c'est une arme très dangereuse composée d'une faucille dont le manche est fixé à une chaîne. Celui qui manie cette arme cherche, en lançant sa chaîne, à atteindre et à agripper soit l'adversaire lui-même soit ses armes. Lorsque l'adversaire est à portée de main, on le pourfend avec la faucille). Musashi eut un duel contre lui au milieu d'un champ. Au moment où Shishido commençait à manœuvrer, Musashi tira son sabre-poignard et transperça la poitrine de Shishido qui tomba. Les élèves de Shishido à leur tour tirèrent leur sabre et faisant front à Musashi ils l'attaquèrent. Musashi enfonça ce front et tous s'enfuirent. Puis il s'en alla tranquillement.

Alors que Musashi se trouvait à Edo, Muso Gonnosuke vint le voir afin de mettre au point un duel entre eux leur permettant de se mesurer. Gonnosuke arriva avec un sabre de bois. Musashi, qui s'amusait à confectionner un arc dans un morceau de bois, se mit tout de suite en garde avec. Immédiatement Gonno-

Préface

suke se lança pour le pourfendre, mais Musashi le terrassa d'un seul coup.

Tous les combats que nous venons de citer sont très connus, mais le plus fameux de tous ceux menés par Musashi est celui qu'il eut à soutenir, à l'âge de 29 ans, contre Sasaki Ganryû en 1612. Auparavant, Musashi avait pérégriné à travers le Japon afin d'y effectuer des rencontres susceptibles de faire évoluer son art. Ainsi, toujours en 1612, ses pas l'avaient conduit à Kokura, au nord de l'île de Kyushu. Le seigneur de cette province avait pour maître d'armes de ses officiers le très fameux Sasaki Ganryû, invaincu lui aussi dans tous les combats qu'il avait menés à travers le Japon. Dans cette ville, Musashi connaissait bien Nagaoka Sado, élève de son père et il en profita pour lui demander d'intervenir auprès du seigneur afin qu'il organise un combat entre Ganryû et lui-même. Le seigneur donna son accord et désigna comme lieu du combat une île, Mukô-jima (jima = île) (appelée aussi Funa-jima), située entre le Hondo et le Kyushu. Cette île déserte est à égale distance (4 km) de Kokura et de Shimonoseki (extrême pointe du Hondo). Ce combat rendit l'île tellement fameuse qu'elle s'appela désormais Ganryû-jima.

Sado avait rapporté à Musashi la réponse du seigneur : « Le combat devra avoir lieu demain à huit heures à Mukô-jima. Ganryû s'y rendra sur une embarcation du seigneur et vous sur ma propre embarcation. » Musashi se montra très satisfait et le remercia. Son vœu était exaucé.

Mais cette nuit-là, Musashi disparut sans laisser

aucune trace. On le rechercha dans Kokura mais en vain. Chacun pensa : « Durant son séjour il a dû entendre parler des performances de Ganryû et découragé il se sera enfui. » Sado en était complètement abattu et regrettait son intervention. Mais en réfléchissant bien il se dit : « Si Musashi avait eu peur et avait voulu s'enfuir, pourquoi aurait-il attendu justement aujourd'hui ? Sa disparition a certainement une cause. Avant d'arriver ici il était passé par Shimonoseki et aujourd'hui encore il a dû passer de même par Shimonoseki pour se rendre à Mukô-jima. Je vais dépêcher un messager. » En effet, ce dernier découvrit Musashi à Shimonoseki chez le commerçant Kobayashi Tarozaemon, et Musashi lui remit cette missive :

« En ce qui concerne le duel de demain matin vous me dites que vous mettez à ma disposition votre embarcation pour que je me rende à Mukô-jima. Je suis très touché de votre prévenance et vous remercie beaucoup. Mais en ces circonstances, Kojiro (prénom véritable, donné à sa naissance à Sasaki Ganryû) et moi-même sommes adversaires. Cependant Kojiro fera la traversée sur l'embarcation du seigneur. Si, de mon côté, je m'y rends sur votre propre embarcation, cela m'ennuie pour vous vis-à-vis de votre seigneur. Il ne faut pas vous préoccuper de moi pour cela. L'idée m'était venue de vous en parler directement mais je craignais que vous persistiez dans votre volonté. C'est ainsi, volontairement, que je ne vous en ai pas parlé et que je me suis retiré ici. Je ne veux pas me servir de votre embarcation. La traversée n'est pas un problème

Préface

pour moi puisque demain matin je pourrai me rendre à Mukô-jima grâce à l'embarcation du commerçant chez lequel je me trouve. J'y arriverai à temps. Je pense que vous comprendrez bien. Voilà !

> Miyamoto Musashi,
> Le 12 avril.

à Monsieur Nagaoka Sado »

Le lendemain matin, alors que le soleil était déjà haut dans le ciel, Musashi n'était pas encore levé. Le commerçant Tarozaemon était inquiet et tandis qu'il annonçait à Musashi « Il doit être déjà huit heures ! », un messager arrivant de Kokura venait de son côté pour le presser d'embarquer. Musashi leur dit qu'il allait bientôt partir et se mit à sa toilette, à prendre son petit déjeuner. Ayant demandé une rame à son hôte, il la tailla et en confectionna un sabre de bois. Pendant ce temps un autre messager arrivait pour lui demander de se presser. Alors Musashi revêtit un kimono de soie et accrocha une serviette à sa ceinture. Par-dessus le tout il endossa une veste de coton puis, après être monté à bord de l'embarcation il la fit manœuvrer aidé d'un rameur, serviteur du commerçant. Durant la traversée, Musashi s'était confectionné une sorte de corde en papier afin de maintenir ses manches qu'il avait remontées sur ses épaules. Il s'allongea dans l'embarcation sous sa veste de coton. Il y eut un service d'ordre très sévère sur l'île à cause de la foule des curieux.

Il était plus de dix heures lorsque Musashi atteignit

l'île. Il stoppa son embarcation un peu avant la plage, abandonna sa veste de coton, son sabre véritable. Il plaça son sabre-poignard à son côté, remonta le bas de son vêtement, s'empara de son sabre de bois et pieds nus il descendit de l'embarcation. Il avança de quelques dizaines de pas dans l'eau peu profonde en nouant autour de sa tête la serviette qui était accrochée à sa ceinture. Quant à Kojiro, il avait revêtu une veste rouge sans manche sur un pantalon de cuir et avait des sandales de paille. Il portait un sabre d'environ 1 mètre de long. L'attente l'impatientait. De loin il vit Musashi arriver et furieux, il avança à sa rencontre jusqu'au bord de l'eau. Il cria :

— « Je suis arrivé avant l'heure ! Pourquoi es-tu en retard ? Ah ! Tu as peur ! »

Musashi resta silencieux comme s'il n'avait rien entendu. Alors Kojiro tira son sabre en jetant le fourreau dans l'eau et attendit que Musashi sorte de l'eau. Or, Musashi s'arrêta dans l'eau et cria en souriant :

— « Kojiro tu as perdu. Comment un vainqueur pourrait-il jeter son fourreau ? »

De plus en plus furieux, Kojiro visa le front de Musashi aussitôt que celui-ci s'approcha. Au même moment, Musashi abaissait son sabre de bois sur la tête de Kojiro qui s'effondra. Peut-être que la pointe du sabre de Kojiro avait atteint la serviette que Musashi portait autour de la tête, car elle se sépara en deux sur son front et tomba. Un moment Musashi demeura debout, le sabre de bois au bout de son bras ballant, et le releva à nouveau au-dessus de sa tête

Préface 25

pour pourfendre son adversaire. Achevant de s'effondrer sous l'effet du premier coup de Musashi, Kojiro projeta son sabre horizontalement. Le sabre trancha le kimono de Musashi à hauteur des genoux. A ce moment-là, le second coup porté par Musashi atteignait Kojiro à hauteur de la poitrine. Sa respiration s'arrêta et le sang se mit à couler de son nez et de sa bouche. Alors, Musashi se débarrassa de son sabre de bois et vint poser sa main devant la bouche et le nez de Kojiro afin de voir s'il vivait encore. Musashi se remit debout et salua de loin le chef du service d'ordre. Il reprit son sabre de bois, remonta dans l'embarcation et se mit à ramer avec le serviteur pour s'éloigner au plus vite. De retour à Shimonoseki il envoya une lettre de remerciement au seigneur. Sasaki Kojiro Ganryû avait alors 18 ans. C'était un excellent escrimeur et Musashi lui-même le regretta beaucoup.

Le Niten-ki relate un épisode intéressant de ce duel, épisode connu seulement à la fin de la vie de Musashi, alors qu'il résidait à Kumamoto. Au cours d'une réunion un seigneur lui avait demandé :

— « Il paraît qu'au cours du combat que vous avez soutenu contre Ganryû jadis, il vous toucha le premier. Est-ce vrai ? »

Saisissant la lampe d'éclairage, Musashi vint se placer contre les genoux du seigneur, et lui dit :

— « Enfant, j'ai souffert d'une enflure de la tête et depuis je n'ai jamais pu me coiffer comme les autres ni faire un chignon. C'est pourquoi je laisse mes cheveux tomber sur mes épaules. Lorsque j'ai combattu Ganryû il portait un vrai sabre, et moi j'avais un sabre de bois. Si lui m'avait touché le premier avec son vrai sabre, je devrais en porter la trace. Regardez bien. »

De sa main gauche, Musashi approcha alors la lumière de son crâne en écartant ses cheveux avec sa main droite et en flanquant sa tête sous le nez du seigneur. Celui-ci recula en disant :

— « Je ne vois aucune trace. »

— « Regardez bien encore. »

— « J'ai bien regardé. »

Alors Musashi alla replacer la flamme où elle se trouvait à l'origine et regagna sa place en arrangeant ses cheveux. Il était aussi calme qu'auparavant. Tous les samouraïs qui participaient à la réunion et avaient assisté à la scène en avaient les mains moites et la respiration coupée. Plus tard, évoquant cette scène, le seigneur déclara : « C'est la plus grande gaffe de toute ma vie. »

Deux ans après le combat contre Ganryû, le château d'Osaka fut assiégé. Il semble que Musashi ait répondu à l'appel aux armes de Toyotomi assiégé dans ce château, mais jusqu'ici aucun texte n'est formel sur ce fait. Le château d'Osaka tomba. Musashi avait alors 31 ans et jusqu'à l'âge de 51 ans, c'est-à-dire pour une vingtaine d'années, sa carrière est mal connue. Peut-être continua-t-il à pérégriner, d'est en ouest à travers le Japon, afin de se perfectionner. On sait seulement qu'il fit de plus longs séjours dans les provinces Owari et Izumo qu'ailleurs, car dans ces deux régions son école d'escrime était prospère. Aucun récit de duel datant de cette époque-là ne nous est parvenu. Il semble qu'en ce temps il ait voulu appliquer ses

Préface

principes du duel à deux armées se rencontrant et créer une sorte de philosophie d'une tactique applicable aussi bien à des duels qu'à des armées se combattant. Toute sa vie il demeura célibataire, mais adopta un enfant. Voici comment se déroula cette adoption, faite au cours de ces pérégrinations :

En ce temps-là, Musashi se trouvait dans la province Dewa. Traversant un champ il croisa un garçon le long du sentier. Celui-ci paraissait âgé de 13 à 14 ans. Il transportait des loches dans un seau en bois. Musashi lui demanda s'il voulait bien lui en donner quelques-unes.

Le garçon lui tendit son seau en disant :

— « C'est facile. »

— « Je n'en ai pas besoin de beaucoup, un petit peu me suffirait. »

Et dénouant la serviette qui était à sa ceinture il s'appréta à y enfermer les loches.

— « Pourquoi refuserais-je mes loches aux passants qui en veulent ? Emportez-les toutes avec le seau », dit l'enfant en souriant et il s'en alla sans se retourner.

Content, Musashi prit les loches. Le lendemain, il traversa à nouveau le champ. Déjà le crépuscule était tombé mais Musashi n'avait pas encore trouvé à se loger. Le prochain village était encore à 12 km et pour retourner d'où il venait Musashi aurait dû en refaire 20. Tandis qu'il réfléchissait à ce qu'il allait faire, il aperçut une petite lueur en direction de la montagne. Pensant découvrir une habitation il se dirigea vers la lueur et découvrit une petite hutte. A son appel, il fut étonné de voir sortir un enfant qui lui demanda :

— « Qui êtes-vous ? »

— « Je suis un voyageur et je ne connais pas du tout cette province. Je cherche un toit mais il fait déjà nuit noire. Hébergez-moi une nuit. »

— « Cette hutte est étroite et j'y suis seul, sans aucune nourriture. Il est impossible d'y recevoir quelqu'un. »

— « Je suis un vagabond. Pourvu que je puisse installer mon corps quelque part, cela me suffit », répondit-il en insistant.

— « N'est-ce pas vous qui m'avez demandé des loches hier ? », s'exclama l'enfant après l'avoir fixé.

— « Oui, c'était moi », répondit Musashi également surpris.

— « Alors entrez. »

Une fois à l'intérieur, Musashi s'assit. Le garçon attisa le feu sous le chaudron et offrit de son pauvre thé. L'enfant semblait dégourdi.

— « Comment se fait-il qu'un enfant vive seul ici ? Où sont vos parents ? », lui demanda Musashi.

— « Je suis né au village Shôhôji. Mon père abandonna l'agriculture et vint habiter ici. Lui et ma mère sont morts et ma sœur aînée est mariée à un paysan qui habite à 12 km d'ici », dit l'enfant en offrant un reste du millet qu'il avait cuisiné à l'intention de Musashi. Avant d'aller se coucher il dit à Musashi : « Pendant la nuit le vent d'automne est frais. Dormez bien » et il passa dans la pièce voisine.

Musashi était très intrigué. Néanmoins il demeura là pour passer la nuit. Il entendait le bruit que faisaient les insectes. Ses manches étaient pleines de rosée. Passé minuit il fut réveillé par le bruit d'une lame que l'on aiguisait. — « Certainement ce gosse doit appartenir à une bande de malfaiteurs et il attend que je sois endormi pour m'occire. » Imperturbable, Musashi se prit à bâiller. Le garçon l'entendit et passa dans la pièce :

— « Pourquoi ne dormez-vous pas, mon hôte ? »

— « Le bruit de l'aiguisage de la lame était désagréable à mon oreille. »

Le garçon lui répondit en riant :

— « Votre aspect est fort et robuste, mais comme vous êtes couard. Même si je voulais vous tuer avec un sabre aigu, que pourrais-je faire avec mes petits bras ? »

— « Alors pourquoi aiguises-tu cette lame ? »

— « Je vais tout vous expliquer. Mon père est mort hier. Je veux l'enterrer auprès de ma mère défunte, mais je ne peux pas le transporter. J'ai beaucoup réfléchi avant de trouver que je ne réussirai à le transporter qu'en morceaux. J'ai donc voulu couper en deux le cadavre de mon père afin de pouvoir le transporter et l'enterrer. »

Entendant cela, Musashi fut très touché et admira l'enfant :

— « Heureusement que je suis venu coucher ici. Nous l'enterrerons tous les deux, ne t'inquiète pas. »

Musashi prit le cadavre sous les bras et l'enfant par les pieds, puis ils allèrent l'enterrer dans la montagne auprès de la mère de l'enfant. Ils dressèrent une pierre en guise de stèle et lorsqu'ils s'en retournèrent à la hutte le jour se levait déjà.

— « Maintenant je suis tout seul, je n'ai plus personne. Voulez-vous être mon hôte encore quelque temps ? » dit mélancoliquement le garçon.

Pris de pitié, Musashi lui dit :

— « Viens et suis-moi plutôt que de rester ici tout seul. Je t'aiderai à évoluer. »

— « J'irais bien n'importe où avec vous et vous suivrais, mais si c'est pour rester toute ma vie votre serviteur, alors non. Mais si c'est pour devenir un samouraï portant une lance et montant à cheval, alors oui je vous suivrais. Sinon je préfère rester ici tout seul et demeurer libre toute ma vie. »

— « Si tu me suis je ferai comme tu veux. »

— « Alors je vous suis », acquiesça le garçon, le visage éclairé par la joie tandis qu'il s'empressait de placer un sabre à son côté.

— « Personne ne fera d'objection ? »

— « Aucune objection. J'ai une sœur mais il y a longtemps que je n'ai plus de nouvelles. Je n'ai pas besoin de la prévenir. Cette hutte a été construite par mon père et moi-même, donc pas de problème. Elle ne servira plus à personne. »

Ils mirent alors le feu à la hutte et s'en allèrent.

Ensemble ils pérégrinèrent à travers les provinces et, alors que Musashi avait 51 ans, on les vit apparaître au nord du Kyushu à Kokura. Le garçon s'appelait Miyamoto Iori et entra au service du seigneur de Kokura. Musashi demeura six années en Kokura. A cette époque-là, les chrétiens qui vivaient dans la péninsule de Shimabara située au nord-ouest de l'île de Kyushu s'étaient révoltés et le troisième shôgun

Préface

Tokugawa Iemitsu réprima la révolte. Musashi et Iori avaient accompagné le seigneur de Kokura et combattu à ses côtés. Leur courage fut remarquable.

En 1640, alors que Musashi avait 57 ans, il fut appelé par le seigneur de Kumamoto, Hosokawa Tadatoshi (dont le château est situé au centre du Kyushu), en tant que maître d'armes. Tadatoshi et Musashi se comprenaient bien au fond d'eux-mêmes. Un an après son arrivée Musashi remettait à Tadatoshi : « Trente-cinq leçons de tactique », ouvrage que celui-ci lui avait commandé. Il y avait condensé toutes ses pensées. Mais Tadatoshi mourut subitement quelques mois plus tard des suites d'une maladie. La peine de Musashi dut être grande et depuis ce décès il demeura toujours sombre. On raconte qu'à la fin de sa vie, un jour qu'il était en visite, il eut du mal à monter la marche d'entrée de la maison. Ses pieds étaient si mal assurés que son hôte dut l'aider. Par contre un autre jour, un incendie s'étant déclaré dans une rue étroite de la ville, quelqu'un avait relié deux toits par une échelle et avait couru sur celle-ci. Tous ceux qui contemplaient la scène d'en bas en furent étonnés. Qui était l'homme qui avait accompli cela ? Plus tard on apprit que c'était Musashi. Ordinairement, il était un vieillard comme tous les autres, mais dans un moment de tension il pouvait être encore vif et sagace.

Il passait les jours en s'adonnant à la calligraphie, à la peinture, à sculpter des statuettes de Bouddha, à la cérémonie du thé, à la poésie.

A 60 ans, Musashi écrivit en quelque sorte son

testament au travers du « Traité des Cinq Roues ». Deux ans plus tard, sentant sa fin approcher, il écrivait, le 12 mai 1645 : « La Voie à suivre seul ».

La Voie à suivre seul

— Ne pas contrevenir à la Voie immuable à travers les temps.
— Eviter de rechercher les plaisirs du corps.
— Etre impartial en tout.
— N'être jamais cupide durant toute la vie.
— N'avoir aucun regret dans les affaires.
— Ne jamais jalouser autrui en bien ou en mal.
— Ne jamais être attristé par toutes séparations.
— N'éprouver aucune rancune ou animosité vis-à-vis de soi ou des autres.
— N'avoir aucun désir d'amour.
— N'avoir aucune préférence en toutes choses.
— Ne jamais rechercher son confort.
— Ne jamais rechercher les mets les plus fins afin de contenter son corps.
— Ne jamais s'entourer, à aucun moment de la vie, d'objets précieux.
— Ne pas reculer pour de fausses croyances.
— Ne jamais être tenté par aucun objet autre que les armes.
— Se consacrer entièrement à la Voie sans même craindre la mort.
— Même vieux n'avoir aucun désir de posséder ou d'utiliser des biens.

Préface

— Vénérer les bouddhas et divinités sans compter sur eux.

— Ne jamais abandonner la Voie de la tactique.

Deuxième année de Shôho, le 12 mai (1645),
Shimmen Musashi.

Ce même jour, il offrit ses sabres et sa selle à ses amis, en mémoire de lui. Puis il remit « Gorin-no-Sho » à son disciple Terao Katsunobu et « Trente-cinq leçons de tactique » à son autre disciple Terao Nobuyuki.

Il mourut le 19 mai, à l'âge de 62 ans. Selon sa volonté on le revêtit de son armure. Le moine qui officia lors de ses funérailles était Shunzan du temple Taishô-ji. On prétend que lorsqu'il eut terminé l'oraison funèbre un grand coup de tonnerre se fit entendre dans le ciel clair. Le tombeau de Musashi se trouve à environ six kilomètres au nord-est de la ville de Kumamoto.

II.

Gorin-no-Sho
(Traité des Cinq Roues)

A l'ouest de la ville de Kumamoto, entre l'agglomération et la baie d'Ariake, se trouve la montagne Kimpô, haute de 666 mètres. De son sommet on aperçoit à l'est les émanations de fumée du volcan Aso et à l'ouest, au-delà de la baie, le mont Unzen, bien connu des vacanciers japonais. La montagne Kimpô est couverte de mandariniers et le temple Ungan-ji a été bâti sur son flanc. A l'arrière du temple se trouve une grotte, appelée également Ungan. A l'intérieur se trouvent des statuettes vénérées représentant Avalokitesvara (Kannon). C'est là que Musashi trouva le calme qui lui était nécessaire pour écrire « Gorin-no-Sho ». Autour de la grotte la végétation est dense, de gros rochers tourmentés se dressent, le tout donnant à la montagne un aspect rude et majestueux propre aux très hautes montagnes. Cela convenait bien à Musashi, demeuré célibataire toute sa vie, qui ne coiffait jamais ses cheveux, ne prenait jamais de bain, avait sans cesse vagabondé. Ainsi, il avait pu réfléchir aisément et méditer sur sa vie et sa philosophie.

Préface

Gorin-no-Sho se divise en six chapitres :

1) Avant-Propos. — Musashi résume brièvement sa vie et indique ensuite les règles auxquelles il obéit en écrivant ce livre.

2) Chapitre intitulé « Terre ». — Musashi explique ici les grandes lignes de sa tactique et pour rendre plus accessibles ses explications il la compare au métier de charpentier.

3) Chapitre intitulé « Eau ». — Musashi expose une méthode destinée à se forger soi-même physiquement ou spirituellement. Il explique comment conserver la vigilance de l'esprit, le maintien du corps, des yeux, comment tenir un sabre et s'en servir, la position des pieds, etc. Tout ce qu'il écrit se base sur sa propre expérience, acquise tout au long de sa vie à force de combats et d'exercices menés sans relâche pendant de nombreuses années. Ainsi transparaît dans son récit une énergie bouleversante. Tout ce qu'il écrit n'est pas simplement le fruit d'une imagination, et n'importe qui peut en tirer profit pour soi-même quel que soit le genre de vie que l'on ait.

4) Chapitre intitulé « Feu ». — Dans ce chapitre, Musashi explique la tactique à appliquer dans le simple duel et dans les grandes batailles. Le côté psychologique et dynamique de son point de vue est très intéressant. Musashi pense que les mêmes règles régissent tout combat singulier et les grandes batailles.

5) Chapitre intitulé « Vent ». — Critiquant les caractéristiques des autres écoles, Musashi fait ressortir l'esprit philosophique de son école Niten. Il explique dans le chapitre « Terre » pourquoi il a

intitulé les précédents chapitres : « Terre », « Eau » et « Feu ». A ses explications nous ajouterons les nôtres en ce qui concerne l'idéogramme « Vent » qui peut signifier entre autres « caractéristique », « goût »... Shirakawa Shizuka est un spécialiste japonais de l'étude des origines de l'écriture chinoise. Il étudie spécialement l'écriture archaïque de l'époque Chang (Yin) (1750-1250). C'est vers cette époque que naquit l'écriture chinoise. Il étudia de nombreux glyphes incisés sur des palettes d'os, des écailles de tortues ou gravés dans le métal. Il remarqua que l'idéogramme d'aujourd'hui représentant le « Vent » était exprimé à l'époque Chang (Yin) par le dessin d'un phénix (le phénix était l'oiseau-messager universel des divinités). A cette époque archaïque le vent était considéré comme la partie vive de la nature. Le vent est invisible, mais il caractérise les saisons et les quatre directions. Donc il a une âme et il est assimilé à « caractéristique » et « goût ».

6) Chapitre intitulé « Vide ». — L'aboutissement de la tactique de Musashi peut se résumer en un mot : Vide. Le Vide est comparable au firmament purifié de tous les nuages de l'égarement.

III.

Situation du « Traité des Cinq Roues »,
complément du « Kojiki »
et des « Dialogues dans le Rêve »,
dans l'histoire de la pensée japonaise.

1. — Le « Kojiki » est un texte archaïque, les « Dialogues dans le Rêve » appartiennent au Moyen Age et le « Traité des Cinq Roues » occupe le sommet des Temps Modernes.

2. — Le « Kojiki » recouvre tout le shintoïsme, les « Dialogues dans le Rêve » sont représentatifs du bouddhisme japonais et le « Traité des Cinq Roues » est la fleur du bushido.

Ainsi, nous avons tenté de faire ressortir l'esprit des Temps Modernes et la pensée bushido dans ce « Traité des Cinq Roues » en tentant de saisir ses éléments les plus importants constituant la pensée japonaise avec le « Kojiki » et les « Dialogues dans le Rêve ».

1. — « Traité des Cinq Roues » et les Temps Modernes.

Rappelons-nous qu'au moment de combattre Yoshioka Matashichiro, Musashi était venu seul et qu'en chemin, la vue d'un sanctuaire lui avait semblé un heureux présage. Sur le point de tirer le cordon sacré de la cloche il se rappela que : « Jamais je n'ai cru en Bouddha et les divinités. Mais tout à coup, face au danger, je me mets à les vénérer. Comment les divinités vont-elles prendre cela ? » Il s'était éloigné rapidement. « La sueur de la honte m'inonde jusqu'aux talons. » Il avait pour devise : « Vénérer les bouddhas et les divinités, sans compter sur eux. »

Par le récit que nous venons de faire, il est facile de découvrir l'esprit autonome des Temps Modernes.

Comparons d'une façon plus concrète le « Kojiki » et le « Traité des Cinq Roues » à l'aide de l'adoration du soleil.

Bergson a dit : « L'adoration du soleil, et celle aussi du ciel se retrouvent à peu près partout. » Il cite d'abord la déesse solaire du shintoïsme du Japon ; puis il cite la religion égyptienne ancienne, celles de l'Inde, de l'Iran, de la Chine, de la Grèce, de Rome, des Teutons, de la Babylonie. Dans cette énumération, il semble que le Japon soit venu le premier à l'esprit de Bergson, peut-être avec l'image du drapeau national ?

Dans l'introduction du « Kojïki », nous avons évoqué l'adoration du soleil au Japon depuis l'époque archaïque jusqu'à aujourd'hui (pp. 57 à 62). Cette adoration se retrouve chez les grands penseurs modernes européens. Montaigne s'amuse : « L'homme est bien insensé. Il ne saurait forger un ciron, et forge des dieux à douzaines. » Mais il n'oublie pas, par contre, la célèbre poésie de Ronsard sous la pensée : « De celles [divinités] auxquelles on a donné corps, comme la nécessité l'a requis, parmi cette cécité universelle, je me fusse, ce me semble,

Préface

plus volontiers attaché à ceux qui adoraient le Soleil. » Goethe aussi avoua à Eckermann qu'il avait le caractère d'un adorateur du Soleil en tant que lumière et productivité de Dieu. Il loue aussi l'adoration solaire dans « Prométhée » et la seconde partie de « Faust ».

Dans : « Traité des Cinq Roues », au chapitre « Feu » — au sujet de la topographie des lieux de combat, Musashi insiste sur l'importance de choisir un emplacement où on aura le soleil (ou l'éclairage) dans le dos. Dans le « Kojiki » (p. 130), Majesté-Plant-de-Riz-Imposant fut blessé par une flèche ennemie. Il dit : « Etant fils du Kami du Soleil, il n'est pas bien que je combatte face au soleil. J'ai reçu une blessure profonde de la main d'un roturier. Maintenant nous allons nous retourner afin que je combatte avec le soleil dans le dos. » Ainsi, repartant du sud, il contourna ses ennemis. C'est là une tradition japonaise que l'on peut retrouver dans l' « Epopée des Années Hôgen (1156-1158) ». Le général Minamoto-no-Yoshitomo commença ses opérations militaires à 4 heures du matin en disant : « Aujourd'hui les malheurs viennent de l'est. De plus ce n'est pas bien de tirer des flèches dans la direction du soleil matinal. Donc, changeons de direction. » Ainsi il dirigea son armée vers le sud, puis obliqua vers l'est et se dirigea vers le nord, c'est-à-dire vers l'ennemi.

Dans le « Kojiki » et l' « Epopée des Années Hôgen » il y a un sens magique et animiste, mais dans le « Traité des Cinq Roues » il n'y a qu'un but recherché, celui de l'endroit le plus avantageux, c'est-à-dire ne pas être face au soleil (ou éclairage) afin de ne pas être ébloui. Les premières lignes de l'Avant-Propos du « Traité des Cinq Roues » nous montrent un Musashi pieux : « J'ai salué le Ciel, me suis prosterné devant Avalokitesvara et me suis assis face aux Bouddhas », avant d'entamer la rédaction de son texte. Mais dans aucun passage du « Traité des Cinq Roues » ne se trouve un quelconque sens magique. Comme Bergson l'a dit : « La magie est l'inverse de la science », « ... bien loin de préparer la venue de la science, la magie a été le grand obstacle contre lequel le savoir méthodique eut à lutter » et « ... il n'y a rien de commun entre la magie et la science ». Donc : « La magie n'est que l'extériorisation d'un désir », mais elle est innée chez l'homme. Les hommes civilisés comme les primitifs ont une même attirance pour la magie. Il n'y a qu'à observer la vogue des ouvrages de magie dans le monde d'aujourd'hui.

Dans les « Fudoki » (Chroniques des Provinces) nous pouvons lire : « ... lorsqu'on passe auprès de cette grotte, on crie très fort. Si l'on passe en silence, les divinités apparaissent, les tornades se soulèvent et les bateaux qui passent sont toujours renversés. » Cela signifie que les passants montrent leur force en criant afin de dominer les esprits habitant la grotte. Sans ces cris les mauvais esprits de la grotte se déchaînent. Dans le chapitre « Feu — Sur les trois sortes de cris » du « Traité des Cinq Roues », Musashi nous dit : « Le cri est un signe de force. Donc on crie face à un incendie. On crie pour vaincre le vent et la vague. » Mais là aussi il n'y a aucun sens magique.

Tandis que la magie désire modifier les lois de la

nature pour obéir à nos désirs subjectifs, la science moderne obéit, quant à elle, aux lois de la nature. Le « Traité des Cinq Roues » utilise en ce sens : raison, principe en union avec avantage et efficacité. Obéir au principe de la nature consiste à apporter la plus grande efficacité. Connaître les avantages est atteindre la raison de la nature. Cette insistance sur avantage et efficacité est la grande caractéristique des « Ecrits sur les cinq Roues ». A la fin du chapitre « Terre », Musashi énumère neuf principes de base de sa tactique. Le cinquième est : « Savoir distinguer les avantages et les inconvénients de chaque chose. » Le neuvième est : « Ne rien faire d'inutile ». Il explique la tactique en la comparant au métier de charpentier : tout comme le charpentier doit connaître les qualités de chaque outil, de la matière, de la topographie, on doit connaître dans la tactique la qualité (avantages) des armes, des positions, des lieux de combat. Musashi compose sa théorie de la tactique par comparaison à un charpentier, ce qui signifie qu'il considère l'homme en tant qu'homo faber. Cela est très moderne.

Musashi résume en un mot le « Traité des Cinq Roues » : « rythme », que l'on retrouve dans chaque chapitre. Dans les arts et dans la vie, saisir le rythme est le plus important. Par contre, « le plus mauvais est de demeurer figé. La position figée correspond à une main morte. Ne jamais demeurer figé correspond à une main vivante », nous dit-il. C'est son rythme et cela ressemble fort à du Bergson. Mais « rythme » ne veut pas dire préférer la rapidité : « Lorsque l'on est devenu expert dans toutes les voies, on ne semble pas rapide aux regards des autres. » Aussi : « L'action d'un expert semble lente, mais il ne s'écarte jamais du rythme. » Musashi qui savourait la vie respectait le quotidien. Quant à la marche, il dit : « Il faut être toujours comme en marche normale. » Et : « Il est de beaucoup préférable de manier le sabre avec calme afin que ce maniement soit plus aisé. » « Dans la Voie de la tactique l'esprit doit avoir la même position que dans la vie quotidienne. » Dans le livre « Dissimulé derrière les feuilles » (Hagakure) on découvre la même pensée : « Les vertueux ont le cœur nonchalant et ils ne se pressent en aucune chose. Les hommes petits se choquent sans calme et sont agités. »

Le « Miroir militaire de la Province Kaï-Sud » (Kôyô-gunkan) et « Dissimulé derrière les feuilles » nous révèlent des superstitions : « Lorsqu'on est grièvement blessé sur un champ de bataille et que l'on ne peut arrêter le sang qui coule, il faut fabriquer un mélange d'eau et de crottin de cheval gris pommelé et le boire. » En Europe, où les sciences modernes naquirent, un fonctionnaire lyonnais du XVIIe siècle écrivit dans son journal un remède contre la fièvre : « Pétrir de la pâte humectée d'urine d'un malade dont la fièvre est à son début et donner cette pâte à manger à un chien. Alors le chien fait cesser la fièvre du malade qui guérit. » La caractéristique du « Traité des Cinq Roues » est qu'il ne contient aucune de ces formes de superstition.

2. « Traité des Cinq Roues » est l'idéal d'un samouraï.

Préface

Pour Musashi, l'idéal des samouraïs consiste en ceci : « Ils se doivent d'être supérieurs en tout à leurs adversaires. Ou bien ils gagnent en combat singulier, ou bien ils sortent vainqueurs d'une bataille. Ils recherchent les honneurs et un haut rang social pour leur seigneur et pour eux-mêmes. » Les « Dialogues dans le Rêve » prêchent sans cesse d'être détachés des idées de réputation et de profit. Cela est normal pour un livre religieux du Moyen Age. Au contraire, le « Traité des Cinq Roues » ne prêche pas du tout la sortie du monde, mais plutôt recommande de connaître vastement les arts du monde : « [que] l'on sache discerner les avantages et inconvénients du monde, l'on connaisse le bon et le mauvais côté des choses, l'on pénètre tous les arts ou toutes les Voies, l'on ne puisse plus être trompé par aucun ». De plus tout est motif d'application de sa propre tactique : « J'ai appliqué les principes (avantages) de la tactique à tous les domaines des arts. En conséquence, dans aucun domaine je n'ai de maître. » Grâce à cette tactique nous pourrons non seulement vaincre de nos propres mains et de notre propre corps, mais notre vue sera supérieure à celle des autres et nous vaincrons afin de nous attacher des hommes bons, nous vaincrons afin de nourrir le peuple. « Dissimulé derrière les feuilles » nous dit de même : « La chose la plus importante pour un samouraï est d'avoir des hommes. Nous n'y parviendrons pas en nourrissant notre bouche. Si l'on partage son repas avec les tâcherons nous réussirons à avoir des hommes. » Mais il y a une grande différence entre « Dissimulé derrière les feuilles » et « Traité des Cinq Roues ». Le premier est une philosophie de la mort, le second ne dit rien sur la mort. Cela rappelle au traducteur ce mot de Spinoza : « Un homme libre ne pense à aucune chose moins que la mort, et sa sagesse est une méditation non de la mort mais de la vie. » Pour Musashi tout bricolage et faiblesse sont hors de question. Il tire sa conclusion : « En toutes choses on ne peut obtenir de victoire sans obéir à la raison. Dans notre école nous ne pensons rien de déraisonnable. Nous essayons d'enlever la victoire par tous les moyens grâce à l'intelligence de la tactique. » Ainsi, vers cinquante ans, Musashi s'unifiait à la tactique et atteignait le fond secret de la vie : « Dissimulé derrière les feuilles » dit qu' « il vaut mieux se perfectionner lentement à partir de cinquante ans » et « avant quarante ans il vaut mieux être fort, mais vers cinquante ans il vaut mieux s'adoucir ». Il semble donc que la cinquantaine soit un point tournant dans la vie d'un homme.

Nous terminerons cette introduction par une réflexion sur les questions qui assailliront spontanément les lecteurs : pourquoi la spiritualité, ou la religion, peut-elle s'unir aux arts martiaux, combats, batailles ? Regardons en face l'histoire de l'humanité : la guerre fut toujours un facteur de développement des civilisations et bien souvent la paix ne fut préservée que par un équilibre des forces. Pour comprendre la structure de l'humanité, retournons encore une fois à la plus ancienne écriture chinoise grâce à Monsieur Shirakawa Shizuka : « les plus anciens caractères

Préface

chinois ayant trait à la spiritualité étaient en relation étroite avec les affaires militaires »:

Voie (Tao) (en jap. Do). Ce caractère avait la forme d'un chemin où l'on avait inhumé une tête ennemie. Le chemin était souvent maudit des ennemis et il fallait le désensorceler par des actes magiques. Sur le métal, les gravures de ce caractère montraient la tête maintenue par une main. Etait-ce un éclaireur participant à une bataille ? Ou bien une armée en marche portant une tête ennemie comme désensorcellement ?

Apprendre (Hio) (en jap. Gaku). Ce caractère avait la forme d'une bâtisse au toit à poutres de faîtage entrecroisées dans laquelle les jeunes étaient maintenus à l'écart pour recevoir une éducation tribale sévère. Avant et après les batailles, des cérémonies avaient lieu dans cette bâtisse.

Enseigner (Kiao) (en jap. Kyo). Ce caractère a presque la même forme que le précédent. Seul un fouet y a été ajouté.

Droit (Tcheng) (en jap. Sei). Ce caractère a la forme d'un carré symbolisant une ville fortifiée, au-dessous duquel se trouve un signe signifiant arrêter. L'ensemble signifiant « droit » montre une ville fortifiée vaincue par une armée.

Harmonie (Houo) (en jap. Wa). Ce caractère avait la forme d'une porte de casernement.

Jadis on donnait au caractère « militaire » (Wou) (en jap. Bu) le sens « arrêter la lance », mais l'étude de la forme de ce caractère gravé sur les os divinatoires ou sur des bronzes a révélé qu'il s'agissait d'un homme marchant avec une lance à la main.

Il ne faut donc pas poétiser l'histoire humaine mais plutôt voir la vérité en face.

TRAITÉ DES CINQ ROUES
(Gorin-no-Sho)

I.

Avant-propos

J'ai voulu exprimer, pour la première fois, en un livre la Voie de ma tactique nommée : « école de Niten » dont j'ai poursuivi l'élaboration durant de nombreuses années. C'est ainsi qu'au début d'octobre de la vingtième année de l'ère Kan-ei (1643) je me suis rendu au mont Iwato situé dans la province Higo en Kyushu. J'ai salué le Ciel, me suis prosterné devant Avalokitesvara (Kannon) et me suis assis face aux Bouddhas. Je suis un samouraï né dans la province Harima et mon nom est Shimmen Musashi-no-kami, Fujiwara-no-genshin. Je suis âgé de 60 ans. J'ai prêté attention aux Voies de la tactique dès ma jeunesse et j'eus mon premier duel à l'âge de 13 ans. Pour ce premier duel mon adversaire était Arima Kihê, bon sabreur de l'école Shintô que j'ai vaincu. A l'âge de 16 ans je vainquis Akiyama, fort au sabre et originaire de la province Tajima. A l'âge de 21 ans je me suis rendu à Kyoto et y ai rencontré les meilleurs sabreurs du Japon. Je les ai rencontrés plusieurs fois en duel sans jamais être vaincu par aucun d'entre eux.

Puis j'ai pérégriné à travers les provinces où j'ai rencontré plusieurs sabreurs de diverses écoles et bien que j'aie été jusqu'à avoir une soixantaine de duels avec eux, je n'ai jamais été battu par aucun. Tout cela se passa alors que j'avais de 13 à 29 ans environ.

Mais, passé le cap des trente ans, je me mis à réfléchir sur ma vie et pensai : « Mes victoires ne provenaient pas de la supériorité de ma tactique, mais plutôt de qualités innées chez moi grâce auxquelles je ne me suis pas écarté des meilleurs principes. Peut-être bien aussi que mes adversaires manquaient de tactique. » Ainsi je décidai d'approfondir encore plus la Voie et continuais de me forger matin et soir et enfin, parvenu à la cinquantaine, l'unification avec la Voie de la tactique s'est faite d'elle-même en moi.

Depuis ce moment-là je n'ai plus aucune Voie à rechercher et le temps a passé. J'ai appliqué les principes (avantages) de la tactique à tous les domaines des arts. En conséquence, dans aucun domaine je n'ai de maître. Bien que j'écrive ce livre aujourd'hui, je ne fais aucun emprunt au bouddhisme ni aucun au confucianisme. Je ne me suis inspiré d'aucun récit militaire ancien ni d'aucun ouvrage ancien de tactique. J'ai voulu exprimer la raison d'être et l'esprit réel de notre école en y faisant refléter la Voie du ciel et Avalokitesvara (Kannon). J'ai saisi mon pinceau à 4 heures et demie du matin, à l'aube du 10 octobre, et je commençai d'écrire.

II.

Terre

En général, la tactique est la Loi des samouraïs et ce sont surtout les officiers qui la pratiquent, mais les simples soldats eux-mêmes doivent la connaître. Dans le monde d'aujourd'hui aucun samouraï n'a compris d'une façon certaine la Voie de la tactique.

Tout d'abord, pour donner un sens clair de la Voie, je dirai : dans le bouddhisme la Voie vient en aide aux hommes ; dans le confucianisme la Voie corrige les Lettres ; dans la médecine la Voie guérit les maladies ; certains poètes enseignent la Voie de la poésie ; les artistes, les tireurs à l'arc ou les gens appartenant à n'importe quel autre domaine des arts, exercent chacun leur art comme ils l'entendent et l'aiment selon leur idée tandis que pour la tactique, rares sont ceux qui l'aiment.

En premier lieu, les samouraïs sont familiers avec deux Voies : les Lettres et les arts militaires. C'est en cela que consiste leur Voie et même s'ils ne sont pas dignes d'Elle, les samouraïs doivent porter tous leurs efforts sur la tactique militaire selon leur grade.

Lorsque je réfléchis à ce que doit être un samouraï, je suis convaincu qu'il doit être intime avec l'idée de la mort, mais la Voie de la mort n'est pas le seul fait des samouraïs. Les bonzes eux-mêmes, les femmes, les paysans, même les gens appartenant aux plus basses classes de la société doivent savoir décider de leur mort face à leur devoir ou à la honte. En ce sens il n'y a aucune différence entre les samouraïs et eux. Mais les samouraïs, quant à eux, poursuivent en plus la Voie de la tactique. Ils se doivent d'être supérieurs en tout à leurs adversaires. Ou bien ils gagnent dans un combat singulier, ou bien ils sortent vainqueurs d'une bataille. Ils recherchent les honneurs et un haut rang social pour leur seigneur et pour eux-mêmes. Tout ce qu'ils obtiennent est dû aux vertus de la tactique.

D'autres pensent qu'étudier la Voie de la tactique ne peut servir à rien au moment où l'on en a besoin. S'il en est ainsi, il faut alors s'exercer à la tactique de telle façon qu'elle soit utile à n'importe quel moment et il faut l'enseigner de telle manière qu'elle soit applicable à tous les domaines. C'est en cela que consiste la vraie Voie de la tactique.

Sur la Voie de la tactique

En Chine et au Japon ceux qui pratiquaient cette Voie étaient traditionnellement appelés « experts en la tactique ». Quant aux samouraïs ils ne peuvent se passer de l'étudier. De nos jours, des gens vivent en se prétendant tacticiens, mais cela ne se borne en fait qu'à l'escrime. Des prêtres shintoïstes appartenant aux sanctuaires Kashima et Katori situés dans la province Hitachi (nord-est de Tokyo) ont fondé des écoles d'escrime transmettant l'enseignement des divinités. Ils vont de provinces en provinces pour répandre ces écoles. Le mot de tacticien utilisé aujourd'hui a ce sens. Depuis les temps les plus reculés il est dénombré « dix disciplines et sept arts » parmi lesquels la tactique figure sous le nom de « moyens d'avoir l'avantage ». Ainsi la tactique peut être considérée comme une forme d'art. Mais comme elle fut désignée sous l'appellation « moyens d'avoir l'avantage », la tactique ne peut être bornée seulement à l'escrime. Si on la borne seulement à l'escrime on ne peut même connaître l'escrime, et naturellement, on est inapte à la saisir sur un plan militaire plus large.

Lorsque je regarde autour de moi, je constate que tout le monde fait commerce de l'art, que les hommes eux-mêmes sont considérés comme des marchandises, que l'on ne fabrique des objets que dans le but de les vendre. Prenons par exemple une fleur et un fruit. On donne souvent moins d'importance au fruit qu'à la fleur, surtout dans notre Voie de la tactique où on est sujet à se laisser aller au décorum, à la fioriture et à faire montre de technique. Telle ou telle salle d'exercice est créée pour enseigner cette sorte de tactique et ainsi tout le monde s'y exerce en vue d'un bénéfice quelconque. D'après un dicton : « Une tactique non mûrie est l'origine de grandes blessures. » C'est vrai

En général, il y a quatre états de vie : samouraïs, paysans, artisans et commerçants.

1) Paysans : ils possèdent divers outils et instruments agricoles. Ils observent sans cesse la succession des quatre saisons. C'est ainsi que s'écoule leur vie. C'est la façon de vivre des paysans.

2) Commerçants : les brasseurs de sake utilisent les outils et instruments adaptés à leur profession, et à cause de cela ils passent leur vie à obtenir de plus ou moins grands bénéfices. Dans tous les domaines du commerce, les commerçants font des bénéfices qui vont selon leurs activités et ils passent leur vie grâce à ces bénéfices. C'est la façon de vivre des commerçants.

3) Samouraïs : quant aux samouraïs ils inventent toutes sortes d'armes. Ils doivent connaître les caractéristiques de chaque espèce d'arme. C'est la façon de vivre des samouraïs. Si un samouraï n'était pas familier avec les armes et qu'il ignore les caractéristiques de chaque arme, cela ne serait-il pas insensé ?

4) Artisans : prenons pour exemple les charpentiers qui fabriquent avec habileté toutes sortes d'outils et instruments qu'ils étudient bien, ils corrigent leurs erreurs au moyen de mesures. Ils travaillent sans prendre de loisir et ainsi passent leur vie.

La vie de ces samouraïs, paysans, artisans et commerçants représente quatre façons différentes de vivre.

Maintenant je vais comparer la tactique à la spécialité du charpentier. L'idée m'est venue d'un parallèle avec la spécialité du charpentier en pensant au mot école ; on dit école de nobles, école de samouraïs, les quatre écoles de cérémonie du thé ou d'ikebana (arrangement de fleurs). Ou bien on dit qu'une école est tombée et qu'une autre lui a succédé. Ou bien on dit que tel ou tel cours, telle ou telle leçon, telle ou telle école... tout cela m'a amené à penser au charpentier. En japonais, charpentier est synonyme de grande habileté. Notre tactique, elle aussi, doit être synonyme de grande habileté et c'est pourquoi je fais la comparaison avec le charpentier. Si vous voulez étudier la tactique réfléchissez bien à ce que vous allez lire dans ce livre. Que le Maître devienne l'aiguille et le disciple le fil, que tous deux s'exercent sans cesse.

Comparaison de la tactique à l'habileté du charpentier

Un général est en quelque sorte un maître-charpentier. Les généraux ont le sens des *dimensions* du monde, ils corrigent les *mesures* d'une province et connaissent les *membres* d'un clan. C'est la Voie d'un général (Maître). Le maître-charpentier connaît parfaitement la construction d'un pavillon, d'une tour, d'un temple. Il est capable de dresser les plans d'un palais, d'un château et il édifie des bâtiments en se faisant aider par des ouvriers. Ainsi maître-charpentier et maître-samouraï sont semblables.

Pour édifier un bâtiment le maître-charpentier utilise différentes qualités de bois. Il utilise des bois rectiligne sans nœuds, du meilleur aspect pour la partie réservée à la réception, mais il utilise un bois rectiligne plus massif, même ayant quelques nœuds pour les parties privées. Il utilise du bois sans nœuds et de belle apparence, bien que plus faible, pour le seuil, les linteaux, les portes et portes coulissantes. Il utilise du bois à nœuds et tordu, mais robuste aux endroits devant subir une contrainte. S'il les choisit ainsi soigneusement alors le bâtiment ne se dégradera pas d'ici longtemps. Aussi il peut utiliser les bois noueux, tordus et peu solides à la confection des échafaudages et plus tard au chauffage.

Lorsqu'un maître-charpentier engage des ouvriers charpentiers il doit s'enquérir de leurs capacités : supérieures, moyennes ou inférieures. Il les utilisera soit pour aménager le « tokonoma » (sorte d'alcôve vénérée, réservée à l'arrangement de fleurs ou à l'exposition d'un sabre ou d'un objet précieux), ou bien pour la fabrication des portes et portes coulissantes, ou bien à la construction du seuil, des linteaux et plafonds, etc. Ainsi chaque ouvrier charpentier trouvera sa place. Les moins bons seront planchéieurs et les pires, raboteurs, fabriqueront des coins ou des clavettes. Ainsi, si le maître-charpentier sait adapter la capacité de chacun, alors le rendement sera bon et le résultat excellent.

Rendement, beau travail, ne pas prendre les choses à la légère, ne pas perdre de vue l'idée générale, savoir distinguer le degré supérieur, moyen ou inférieur de l'énergie de chacun, donner l'élan et savoir où commence l'impossible sont la règle d'or que chaque maître-charpentier doit avoir en tête. Il en va de même pour le principe de la tactique.

Terre 57

Voie de la tactique

Les soldats sont comme les charpentiers. Le charpentier polit ses outils, il fabrique toutes sortes d'instruments qu'il range dans un coffre propre à tous les charpentiers. Il reçoit les ordres de son maître, taillade les poutres à placer verticalement ou horizontalement, façonne les alcôves et étagères, grave et sculpte, prend soigneusement toutes les mesures, prête grande attention à son travail même dans le moindre détail : c'est là la règle des charpentiers. Si un charpentier apprend bien son métier, de ses bras et de ses mains, et s'il sait bien reporter ses mesures, il deviendra plus tard un maître-charpentier.

Le métier de charpentier exige que l'on possède des outils bien appropriés et il est très important de les entretenir dès qu'on a un moment. Seul le charpentier est capable de fabriquer en bois, à l'aide de ses outils : tabernacles, rayonnages, tables, lampes, planches à découper ou couvercles. Il en va de même pour les soldats. Lecteurs, réfléchissez bien à tout cela.

Les charpentiers ne doivent jamais perdre de vue : précision dans l'exécution, concordance de toutes les parties de l'ouvrage, utilisation parfaite d'un rabot, refus du tape-à-l'œil, prévision des déprédations possibles. C'est là le point le plus important pour eux.

Si les lecteurs veulent étudier bien cette Voie de la tactique il faut qu'ils aient bien en tête tout ce que j'écris dans ce livre et y bien réfléchir.

Les cinq chapitres de ce livre sur la tactique

J'ai divisé cet ouvrage en cinq chapitres : Terre, Eau, Feu, Vent et Vide dans le but d'exposer séparément les caractéristiques propres à chaque sujet.

Tout d'abord le chapitre « Terre ». J'y expose la Voie générale de la tactique et la raison d'être de mon école. Si l'on se borne uniquement à l'escrime on ne peut atteindre la vraie Voie. Il faut connaître tout, de l'ensemble jusqu'aux détails, et évoluer du moins profond au plus profond. Comme l'on trace un chemin bien droit sur la terre, j'ai intitulé ce premier chapitre : « Terre ».

Second chapitre « Eau ». L'eau est une très bonne image pour faire comprendre notre principe. Il faut rendre notre esprit semblable à l'eau. L'eau prend la forme des récipients qui la contiennent, qu'ils soient carrés ou ronds. L'eau peut se réduire à une goutte ou atteindre la taille d'un océan. L'eau qui se trouve au fond des gouffres profonds a une couleur d'un vert pur. J'ai tenté de décrire dans ce chapitre l'essence de notre école avec un esprit dont la pureté se rapprocherait de celle de cette eau. Si l'on peut vaincre librement un ennemi parce que l'on possède bien tous les principes de l'escrime, alors on peut vaincre n'importe qui. Les principes qui permettent de vaincre un seul homme sont applicables pour venir à bout de 1 000 ou 10 000 ennemis. La tactique du général applique les règles des petites unités aux grandes unités comme le charpentier exécute une grande statue de Bouddha en partant d'un petit modèle. Je ne m'égarerai pas trop dans les détails de ce sujet. Le principe de la tactique consiste à tout connaître, de l'unité au dix-millième. C'est ainsi que j'ai décrit l'essence de notre école dans ce chapitre intitulé : « Eau ».

Troisième chapitre « Feu ». Ce chapitre traite de combats. Le feu peut être grand ou petit. Il est extravagant. Comparativement au feu je décris ici plusieurs combats. Quant aux méthodes de combat, celles qui sont utilisées dans les combats singuliers peuvent être appliquées à des milliers de combattants. Il faut bien considérer la situation tantôt dans son ensemble tantôt dans son détail. L'ensemble est facile à voir, mais les détails sont imperceptibles car les actions d'une masse ne peuvent être modifiées rapidement donc elles sont faciles à découvrir tandis que les actions d'une seule personne sont modifiables par une décision unique donc c'est un détail difficile à saisir. Il ne faut pas perdre de vue tout cela. Dans ce chapitre intitulé « Feu » il est question d'action immédiate et il faut s'y exercer chaque jour et s'y accoutumer quotidiennement. Dans les cas d'urgence il faut se montrer prêt, l'esprit immuable. J'ai décrit tout cela dans ce chapitre « Feu » afin d'apporter des chances aux combattants.

Quatrième chapitre « Vent ». J'ai intitulé ce chapitre « Vent » parce qu'il y est question non seulement de notre école mais aussi de tactiques d'autres écoles. Si j'utilise ici le mot « vent » (en japonais, vent = aspect, allure, caractéristique) c'est parce que l'on a coutume de dire « le vent ancien » (aspect ancien, du passé), « le vent de notre temps » (les choses dans le vent), « le vent de telle ou telle famille » (l'air de famille), etc. Donc, j'ai décrit très clairement ici les autres tactiques et la manière propre aux autres écoles et c'est pour tout cela que j'ai choisi le titre : « Vent ». Sans bien connaître les autres, nous ne pouvons bien nous connaître nous-mêmes. Chez les pratiquants de n'importe quelle Voie se trouvent toujours des hérétiques. Même si quelqu'un pratique chaque jour assidûment dans une Voie, s'il est tant soit peu dans l'erreur tout en étant persuadé d'être sur le bon chemin, malgré tous ses efforts, sa Voie ne sera pas la Voie véritable pour quelqu'un de plus perspicace. Si l'on ne se trouve pas sur le bon chemin, la petite erreur du début conduira plus tard à une grande erreur. Il faut bien y réfléchir. Dans les autres écoles la tactique ne s'applique seulement qu'à l'escrime. En un sens elles ont raison mais chez nous l'escrime n'est qu'une forme de la tactique. J'expose dans ce chapitre les caractéristiques d'autres écoles, afin de faire connaître d'autres tactiques répandues dans le monde.

Cinquième chapitre « Vide ». J'ai intitulé ce chapitre « Vide », mais le vide, où commence-t-il, où finit-il ? Lorsque l'on possède complètement une théorie alors il faut s'en détacher. La Voie de la tactique est une voie libre. Tout naturellement on parvient au prodige. Tout naturellement on acquiert un rythme selon l'instant. Tout naturellement on frappe et tout naturellement on fait face. Tout cela est la voie du « Vide ». Tout naturellement il faut entrer dans la

Voie véritable. C'est tout cela que j'ai décrit dans ce chapitre : « Vide ».

Ecole des deux sabres (dénomination de notre école)

A propos des deux sabres, tous les samouraïs, qu'ils soient officiers ou soldats, portent à la ceinture deux sabres. Autrefois on les appelait « le grand sabre » et « le sabre ». Aujourd'hui on les appelle « sabre » et « wakizashi » (en français : petit sabre, mais la traduction littérale est : porté sur le côté). Je n'ai pas besoin d'expliquer ici en détail que tous les samouraïs portent ces deux sortes de sabre. Dans notre pays les samouraïs ont coutume de les porter tous deux à la ceinture, en sachant ou non pourquoi. J'ai appelé mon école : école des deux sabres, justement dans le but de faire connaître l'avantage que présente le port de ces deux sabres.

D'un type différent des lances et hallebardes, par leur maniabilité en toutes circonstances les sabres peuvent être conservés à tout moment à portée de la main.

Dans notre école, dès l'entrée on exerce la Voie en ayant constamment les deux sabres en main. C'est là la caractéristique de notre école. Lorsque nous rencontrons la mort en cours de combat il vaut mieux que ce soit en utilisant toutes les armes dont nous disposons. Il est contraire à notre principe de mourir avec une arme inutilisée à notre côté.

Mais lorsque nous avons quelque chose dans chaque

main, il est difficile de les manœuvrer aisément ensemble sur la droite et sur la gauche. Le but de notre école consiste à manœuvrer d'une seule main le grand sabre.

Si cela est hors de question pour les lances, hallebardes et armes de grandes dimensions, par contre le sabre et le petit sabre sont maniables chacun d'une seule main. Il est difficile de manier un sabre à deux mains lorsque l'on se trouve à cheval. Cela est difficile lorsque l'on est en train de courir. Cela est difficile dans des marécages, rizières pleines de boue et sur un terrain caillouteux, sur un terrain en forte pente ou au milieu d'une mêlée. Si l'on a en main gauche un arc, une lance ou n'importe quelle autre arme on est alors contraint de manier le sabre d'une seule main. Or, tenir un sabre des deux mains n'est pas la vraie Voie. Si vous ne pouvez parvenir à pourfendre un adversaire d'une seule main, alors pourfendez-le des deux. Cela n'est pas une perte de temps. Il faut tout d'abord s'accoutumer à manipuler un sabre d'une seule main. Ainsi dans notre école on apprend à manier les sabres en en ayant un dans chaque main.

Pour n'importe qui, prendre pour la première fois un sabre en main semble pesant et de maniement difficile. Toute chose abordée pour la première fois est difficile, par exemple tendre un arc, manier une hallebarde. Au fur et à mesure que l'on se familiarise avec une arme on la manie plus facilement. Par exemple dans le cas d'un arc, on peut alors le tendre fortement. Il en va de même pour un sabre, au fur et à mesure que l'on s'accoutume à le manier on acquiert de l'aisance dans son maniement à force d'habitude.

Un maniement rapide n'est pas l'essentiel de la Voie du sabre. Je traiterai de ce sujet dans le chapitre « Eau ». Manier le grand sabre lorsque l'on dispose de beaucoup de place et le petit sabre dans un endroit étroit : c'est là le premier point de la Voie du sabre.

Dans notre école il faut vaincre, que l'on ait une arme longue ou une arme courte. La longueur d'un sabre ne nous importe donc pas. Volonté de vaincre par n'importe quelle arme : c'est là la Voie de notre école.

Nous préférons utiliser deux sabres plutôt qu'un seul lorsqu'un homme seul se trouve face à plusieurs adversaires ou bien lorsque nous désirons capturer vivant un adversaire.

Je n'exposerai pas tout cela en détail maintenant. Il faut que les lecteurs connaissent à l'aide d'un cas dix mille exemples. Si l'on parvient à la Voie de la tactique, on ne manque pas de les connaître tous sans exception. Il faut bien avoir tout cela en tête.

(Note du traducteur : on raconte que Musashi enfant était allé s'amuser dans un sanctuaire shintoïque. Il vit un homme battre du tambour. Il fut frappé qu'un seul son sorte bien que l'homme battît avec deux baguettes. Il y vit un rapport avec le maniement des sabres, qui se fait également des deux mains.)

Connaître l'avantage de la tactique

Dans cette Voie, celui qui manie bien le sabre est appelé « tacticien ». Dans la Voie des arts martiaux, celui qui tire bien à l'arc est simplement appelé « tireur », celui qui tire bien au fusil est appelé « bon tireur ». Lorsque l'on manœuvre bien une lance on est appelé « lancier », lorsque l'on se sert bien d'une hallebarde on est appelé « hallebardier ». Alors il aurait fallu appeler celui qui connaît la Voie du sabre un « sabreur » ou « petit sabreur ». L'arc, le fusil, la lance et la hallebarde sont tous des armes de samouraï et ceux qui les manient appartiennent à la Voie de la tactique. Cependant, une raison particulière fait que le sabre est le seul qui appartienne à la Voie de la tactique : l'ordre est maintenu dans le monde et l'on se garde soi-même grâce à la vertu du sabre qui est ainsi l'origine de la tactique. Si l'on atteint à la vertu du sabre on peut, seul, vaincre dix personnes. Si l'on vainc, seul, dix personnes alors cent personnes vaincront mille personnes, mille personnes dix mille personnes. C'est pourquoi dans la tactique de notre école une personne ou dix mille personnes sont considérées comme une seule et même chose et nous appelons l'ensemble des règles des samouraïs : tactique.

Quant aux Voies, il y a celles des : confucianistes, bouddhistes, artistes, professeurs de maintien et danseurs. Chez les samouraïs les Voies ne sont pas séparées les unes des autres. Même si l'on n'appartient pas à une Voie déterminée, si on approfondit et élargit sa propre Voie, alors on peut rencontrer cette autre Voie. Dans tous les cas il est important que les hommes se polissent bien, chacun dans sa propre Voie.

Connaître les qualités de chaque arme

Passons maintenant à la question de l'efficacité des diverses armes. On peut avoir à se servir de n'importe quelle arme selon les circonstances de la vie.

Le petit sabre est adapté aux endroits étroits ou bien lorsque le corps de l'adversaire est proche. Le sabre convient en toute circonstance. La hallebarde est moins adaptée que la lance aux champs de bataille. La lance peut y prendre l'initiative mais la hallebarde y est souvent dominée. Ainsi dans le cas de deux adversaires de même force le lancier dominera légèrement le hallebardier. Mais le lancier et le hallebardier sont peu efficaces dans les endroits étroits. Ils n'ont pas non plus grande efficacité dans les batailles au corps à corps. Lances et hallebardes ne peuvent servir que sur les champs de bataille, où elles ont leur importance.

Cependant, pour n'importe quelle arme, si l'on se contente seulement d'en éprouver l'efficacité dans une salle d'exercice, en se perdant dans des détails faisant oublier la vraie pratique, alors celle-ci deviendra inutile dans un combat. L'arc, quant à lui, est bien adapté aux stratagèmes des combats. Auprès d'un corps d'armée de lanciers et autres, l'on peut tirer rapidement et par là l'arc est très commode sur les champs de bataille alors qu'il n'est pas adapté à l'assaut de places fortes ou bien lorsqu'un adversaire se trouve à plus de 40 mètres.

De nos jours l'archerie et tous les arts militaires sont pleins de fioritures mais il n'y a presque rien derrière. Les arts militaires de cette sorte ne peuvent servir dans les moments d'urgence.

Rien n'est mieux qu'un fusil pour se battre depuis une forteresse. Même sur un champ de bataille l'importance du fusil vient avant celle de la mêlée. Mais une fois la mêlée commencée le fusil ne suffit plus.

Une des qualités du tir à l'arc est la possibilité de suivre le trajet de la flèche ce qui permet au tireur de corriger son tir alors qu'une balle de fusil est invisible. C'est là un défaut du fusil. Réfléchissez-y bien.

Quant au cheval, l'essentiel est qu'il soit fort et endurant et ne présente aucune singularité. En somme il faut que tout soit solide : cheval bon trotteur, sabre et petit sabre tranchants, lance et hallebarde transperçantes, flèches et fusil robustes. Tout doit être indestructible.

Il ne faut s'attacher avec outrance ni à des armes ni à des outils. Excès, insuffisance sont pareils. Inutile d'imiter les autres. Possédez les armes et les outils qui sont à votre portée. Que l'on soit officier ou simple soldat il n'est pas bien d'aimer certaines choses et d'en haïr d'autres. Méditez bien sur ce sujet.

A propos du rythme de la tactique

En toute chose il y a rythme. Dans le cas particulier du rythme de la tactique on ne peut l'atteindre sans s'exercer.

Si l'on regarde autour de soi, on constate que l'existence du rythme est claire dans la danse, la musique et les instruments de musique. Lorsque le rythme domine, l'exécution est bonne.

Dans le domaine des arts militaires, tels que tir à l'arc, tir au fusil, jusqu'à l'équitation, tout obéit au rythme et à la cadence. Dans tous les arts et techniques on ne peut aller contre le rythme.

Dans les affaires abstraites également, c'est le rythme qui domine. Prenons comme exemple la vie d'un samouraï. Elle peut se diviser en rythme des degrés de son ascension, rythme de sa situation décadente, rythme du moment où tout marche bien pour lui ou rythme du moment où tout est contrariant pour lui. Il en va de même pour celle d'un commerçant : rythme qui lui apporte la richesse ou bien rythme qui la lui fait perdre. Ainsi dans chaque domaine il y a des rythmes différents. Il faut savoir discerner le rythme ascensionnel et le rythme décadent en toutes choses. Réfléchissez-y bien.

Plusieurs sortes de rythmes se remarquent dans la tactique. Il faut tout d'abord connaître le rythme concordant, puis comprendre quel est le rythme discordant. Il faut savoir discerner le rythme qui sied bien, le rythme à saisir selon l'occasion et le rythme contrariant, tous les rythmes qu'ils soient larges ou étroits, lents ou rapides, sont caractéristiques de la tactique. Tout particulièrement, si l'on ne saisit pas le rythme contrariant, la tactique ne sera pas sur des bases solides.

Dans les combats de la tactique il faut connaître les rythmes de chaque adversaire et il faut se mettre au rythme inattendu de l'ennemi. Alors on peut vaincre ses adversaires en se mettant sur un rythme « vide » en partant d'un rythme né de l'intelligence.

Dans ce livre, il est question principalement du rythme dans chaque chapitre. Il faut bien s'imprégner de ce que je vais écrire afin de bien se forger.

— Exercez-vous matin et soir dans la Voie de la tactique de notre école exposée plus haut. Ainsi vos idées deviendront plus larges d'elles-mêmes et ma tactique se répandra en tant que tactique adaptée à des masses d'individus et à un seul. Je m'exprime pour la première fois sur du papier et cela constituera cinq chapitres : Terre, Eau, Feu, Vent et Vide.

Ceux qui veulent connaître ma tactique doivent obéir aux principes suivants selon lesquels ils peuvent pratiquer la Voie :

1) Eviter toutes pensées perverses.

2) Se forger dans la Voie en pratiquant soi-même (et non par le jeu des idées).

3) Embrasser tous les arts (et non se borner à un seul).

4) Connaître la Voie de chaque métier (et non se borner à celui que l'on exerce soi-même).

5) Savoir distinguer les avantages et les inconvénients de chaque chose.

6) En toutes choses s'habituer au jugement intuitif.

7) Connaître d'instinct ce que l'on ne voit pas.

8) Prêter attention aux moindres détails.

9) Ne rien faire d'inutile.

Avoir bien en tête tous ces principes généraux et ainsi s'exercer dans la Voie de la tactique. Ce qui est important, c'est que dans cette Voie on ne peut devenir expert en la tactique sans avoir une vue directe et vaste. Si nous possédons bien cette tactique, même seuls face à 20 ou 30 adversaires, ceux-ci ne pourront venir à bout de nous. Il faut tout d'abord avoir toujours présente à l'esprit cette tactique et s'exercer franchement sans relâche. Alors nous vaincrons de nos propres mains et notre vue sera supérieure à celle des autres. Et si votre corps entier se libère à force d'exercices alors vous serez supérieurs aux autres par votre propre corps. Et si votre esprit s'habitue totalement à cette Voie, vous pourrez vaincre grâce à votre propre esprit. Si vous parvenez à ce point, comment pourriez-vous être battus ?

De même, dans le domaine de la tactique appliquée à des masses d'individus vous vaincrez afin de vous attacher les hommes bons, vous vaincrez afin d'utiliser de nombreux hommes, vous vaincrez afin que votre conduite demeure juste, vous vaincrez afin de gouverner le pays, vous vaincrez afin de nourrir le peuple et vous vaincrez afin de maintenir l'ordre dans le monde. Ainsi, dans tous les domaines vous connaîtrez le moyen de ne pas être battu par les autres. Et enfin vous vous aiderez vous-même et garderez votre honneur : c'est là la Voie de la tactique.

Le 12 mai de la seconde année de Shôho,
Shimmen Musashi,
à Monsieur Terao Magonojô.

III.

Eau

L'esprit de la tactique de notre école « Niten » se base sur la philosophie de l'eau d'où l'on tire les moyens les plus efficaces. C'est pourquoi j'appellerai ce chapitre : « Eau », car j'y exprime le maniement du sabre selon notre école. Il est difficile d'exprimer en détail cette Voie comme je le voudrais. Bien que les mots soient insuffisants l'essentiel ressortira de lui-même. Sur tout ce que j'écris dans ce livre, il faut s'arrêter à chaque mot, chaque lettre, afin de bien réfléchir. Si les lecteurs survolent alors ils s'éloigneront de la Voie.

Même si la théorie de la tactique que j'expose s'applique à deux adversaires, il est très important de la considérer également dans son sens le plus large, c'est-à-dire en tant que théorie pouvant s'appliquer à dix mille individus face à dix mille autres.

Toutes les erreurs de jugement et tous les égarements sur cette Voie, si minimes soient-ils, font irrémédiablement tomber sur un mauvais chemin.

La simple lecture de ce livre ne saurait faire parvenir à la Voie de la tactique et il faut éviter d'en considérer le contenu comme un simple recueil de mots. Au contraire, il faut essayer d'adapter tout ce qui y est dit à notre propre corps. Découvrez de vous-même ces théories en évitant l'imitation et le plagiat. Sans cesse réfléchissez selon votre corps.

Position de l'esprit au milieu de cette tactique

Dans la Voie de la tactique l'esprit doit avoir la même position que dans la vie quotidienne. Dans la vie courante ou au moment d'appliquer la tactique rien ne doit changer. Conservez un esprit vaste, droit, sans trop de tension ni aucun relâchement, évitez qu'il soit unilatéral, maintenez-le au juste milieu, faites-le agir tranquillement de façon que cette agitation ne s'arrête même un seul instant : réfléchissez bien à tout cela.

Même si le corps est en position tranquille l'esprit, lui, ne doit pas demeurer tranquille. Même si le corps agit très rapidement, l'esprit, quant à lui, ne doit pas du tout agir rapidement. L'esprit ne suit pas le corps et le corps ne suit pas l'esprit. Prêtez attention à l'esprit mais ne prêtez pas attention au corps. N'ayez pas l'esprit étroit mais ne débordez pas d'esprit. Même si la surface de l'esprit est faible, le fond de l'esprit doit être fort. Rendez votre esprit indécelable par les autres. Tous ceux qui possèdent un corps petit doivent avoir en esprit tout ce qui se passe dans un corps grand ; tous ceux qui possèdent un corps grand doivent avoir en esprit tout ce qui se passe dans un

Eau

corps petit. Qu'il s'agisse d'un corps grand ou d'un corps petit on doit posséder un esprit droit et il est important de conserver un esprit dégagé de tout sentiment de faiblesse vis-à-vis de soi-même.

Il faut maintenir sans tache et large notre esprit, en même temps que maintenir vaste notre sagesse. Il est essentiel de polir assidûment la sagesse et l'esprit. Pourvu que l'on polisse la sagesse, que l'on sache discerner les avantages et inconvénients du monde, que l'on connaisse le bon et le mauvais côtés des choses, que l'on pénètre tous les arts ou toutes les Voies, que l'on ne puisse plus être trompé par aucun, alors notre esprit est apte à aborder la sagesse de la tactique. Quant à la sagesse de la tactique (duel ou bataille), elle est très différente des autres. Même au plus fort de la mêlée d'une bataille, il faut rechercher les vérités de la tactique et bien réfléchir afin d'atteindre l'esprit immobile.

Position du corps au milieu de la tactique

La tête ne doit être ni inclinée en avant ni rejetée en arrière ni penchée sur le côté. Les yeux ne doivent pas errer de-ci de-là. Ne pas plisser le front mais froncer les sourcils. Eviter les mouvements de pupilles et les battements de paupières. Cligner un peu des yeux. Garder un visage décontracté, le nez non tiré. Redresser un peu le menton. Pour la nuque, elle doit être droite et il faut y concentrer sa force qui doit également être répartie des épaules à la totalité du corps. Epaules dégagées, maintenir toujours droite la colonne vertébrale. Le bas des reins ne doit pas être proéminent, mettre de la force entre les genoux et la pointe des orteils, tendre le ventre afin de ne pas avoir les reins courbés. « Fixer la clavette », c'est-à-dire bien appuyer le ventre sur la gaine du petit sabre afin de ne pas donner de lest à votre ceinture.

En bref, dans l'attitude que l'on doit avoir dans la tactique, l'essentiel est que le comportement quotidien devienne comportement de la tactique et que le comportement de la tactique devienne comportement quotidien. Réfléchissez-y bien.

Au sujet de la position des yeux dans la tactique

La position doit permettre de voir largement et vastement. Entre voir et regarder, voir est plus important que regarder. L'essentiel dans la tactique est de voir ce qui est éloigné comme si c'était proche et de voir ce qui est proche comme si c'était éloigné. L'important dans la tactique est de connaître le sabre de l'adversaire, mais de ne pas regarder du tout ce sabre adverse. Méditez bien là-dessus. Cette position des yeux convient aussi bien dans la tactique du simple duel que dans une bataille.

Le premier point est de savoir regarder de côté sans bouger les pupilles. Toutes ces positions ne peuvent être acquises d'un seul coup dans les moments d'urgence. Donc ayez bien en tête tout ce que j'ai écrit jusqu'ici, gardez bien cette position des yeux dans la vie quotidienne et en toutes occasions ne modifiez pas la position de vos yeux. Réfléchissez bien à tout cela.

Façon de tenir un sabre

Pour tenir un sabre en main, il faut que : pouce et index soient consciemment souples, le majeur ne doit être ni crispé ni relâché, l'annulaire et l'auriculaire doivent être consciemment serrés. Il n'est pas bon que l'intérieur des mains soit lâche.

Tenez votre sabre en pensant toujours qu'il doit couper votre adversaire. Au moment où vous êtes en train de pourfendre votre adversaire ne modifiez jamais l'intérieur de vos mains et maintenez votre sabre de telle façon qu'elles ne soient pas figées. Même si vous cinglez le sabre de votre adversaire ou bien l'interceptez sur le vôtre ou bien l'emprisonnez à l'aide du vôtre, ne modifiez que votre pouce et votre index selon votre volonté. Avant tout, ne manipulez le sabre qu'avec la ferme intention de pourfendre votre adversaire.

Qu'il s'agisse d'un exercice sur un condamné à la peine capitale ou d'un combat réel la position de vos mains est la même pour pourfendre un homme.

En bref, pour un sabre ou une main, le plus mauvais est de demeurer figé. La position figée correspond à une main morte. Ne jamais demeurer figé correspond à une main vivante. Il faut bien comprendre tout cela.

Les mouvements des pieds

Position des pieds : les pointes doivent être légèrement libres alors que les talons sont fortement appuyés au sol. Mouvements des pieds : bien qu'il y ait de grands pas ou de petits pas, des pas lents ou rapides, selon les cas, il faut être toujours comme en marche normale. Les trois plus mauvais mouvements sont : jambes toujours en l'air, jambes molles et pieds fixes.

Dans cette Voie, les jambes « Yin » et « Yang » sont les plus importantes. Jambes « Yin » et « Yang » signifie ne pas actionner un seul des deux pieds. Que ce soit au moment de pourfendre, au moment de se reculer, même au moment d'intercepter, les deux jambes doivent être actives : droite-gauche, droite-gauche, c'est-à-dire « Yin » et « Yang ». J'insiste encore une fois sur le fait qu'il ne faut jamais actionner qu'une seule jambe. Réfléchissez-y bien.

A propos des cinq façons de se mettre en garde

Il y a cinq façons de se mettre en garde : sabre au-dessus de la tête, sabre dirigé en face de soi, pointe du sabre dirigée vers le bas, sabre dirigé vers la droite, sabre dirigé vers le côté gauche. Bien que l'on ait divisé la façon de se mettre en garde en ces cinq parties toutes ont un même but : pourfendre l'adversaire. Il

Eau

n'y a aucune autre façon de se mettre en garde que ces cinq-là.

Que vous soyez dans n'importe laquelle de ces cinq positions ne pensez jamais que cela est pour vous mettre en garde, mais que c'est uniquement pour pourfendre.

Il y a deux sortes de mises en garde : grande et petite. Choisissez la plus avantageuse selon les circonstances. Les trois premières des cinq positions citées ci-dessus : au-dessus de la tête, en face de soi et vers le bas sont des mises en garde substantielles. Les deux dernières, de chaque côté sont des jeux. Ces deux dernières mises en garde, à droite et à gauche, sont adaptées au cas où il n'y a aucun espace au-dessus de notre tête ou bien lorsque nous ne disposons d'aucun espace sur l'un des deux côtés. Il n'y a qu'à s'adapter aux circonstances : mises en garde à droite ou à gauche.

L'essentiel de cette Voie réside dans la mise en garde, sabre dirigé en face de soi. Cette mise en garde, sabre dirigé en face de soi, est le fonds de toute mise en garde. Si vous étendez ce principe à la tactique de masse (bataille) alors cette mise en garde sabre dirigé en face de soi correspondra à la position d'un général en chef. A la suite de ce « général en chef » il y a les quatre autres mises en garde. Réfléchissez-y bien.

A propos de la Voie du sabre

Connaître la Voie du sabre signifie que si l'on connaît bien la trajectoire, même si l'on manie seulement de deux doigts le sabre qu'on a l'habitude de porter, on est capable de le manier avec grande aisance.

C'est en voulant sabrer rapidement que l'on modifie sa trajectoire et que naissent les difficultés de maniement. Il est de beaucoup préférable de sabrer avec calme afin que ce maniement soit plus aisé.

C'est en voulant manier rapidement le sabre comme s'il était un éventail ou un couteau que l'on contrarie sa trajectoire et que son maniement devient difficile. Ce mauvais maniement s'appelle hacher au couteau et il est impossible de pourfendre de cette façon qui que ce soit avec un sabre. Une fois un coup porté de haut en bas, il est préférable de relever le sabre selon la trajectoire la plus aisée pour ce relèvement. Si l'on porte un coup horizontal, il vaut mieux revenir à l'horizontale, ainsi l'on peut revenir à une trajectoire correcte. Dans tous les cas allongez bien le coude et mettez de la force dans votre maniement, c'est là la Voie du sabre.

Si vous apprenez bien les cinq figures de maniement selon notre tactique, la trajectoire de votre sabre sera fixée et votre maniement deviendra aisé. Exercez-vous bien.

Le contenu des cinq figures, Figure I

La première figure correspond à la mise en garde sabre dirigé en face de soi. La pointe de votre sabre doit être dirigée sur le visage de votre adversaire. Lorsque son sabre vous attaque, passez le vôtre sur la droite, puis au-dessus du sien. Alors que votre adversaire vous attaque une seconde fois répliquez de la pointe de votre sabre, puis maintenez-le pointe en bas et à l'attaque suivante relevez vivement votre sabre afin de gifler les mains de votre adversaire. Voilà la première figure.

Or ma description des cinq figures est insuffisante à une bonne compréhension. Pour bien comprendre ces cinq figures il faut en même temps se saisir d'un sabre et rechercher la Voie du sabre en pratiquant. En s'exerçant selon ces cinq formes on peut connaître la trajectoire de son propre sabre et de plus on peut parvenir à deviner comme il faut la trajectoire attaquante du sabre adverse. Ainsi on comprend qu'il n'y a aucune autre mise en garde possible pour notre école « des deux sabres » en dehors des cinq que j'ai citées. Exercez-vous bien.

Sur le contenu de la Figure II

La seconde figure consiste à garder votre sabre au-dessus de la tête. Au moment de l'attaque adverse, abaissez brusquement le sabre sur l'adversaire. Si vous ne l'avez pas atteint, maintenez votre sabre dans la position dans laquelle il se trouve et au moment de la seconde attaque, relevez-le brusquement. Il en va de même pour l'attaque qui suivra.

Dans cette seconde figure il y a plusieurs nuances et des rythmes divers, mais si l'on s'exerce suffisamment selon cette seconde figure on sera capable de connaître en détail les cinq Voies du sabre. Ainsi on obtiendra la victoire d'une façon ou d'une autre. Etudiez bien tout cela.

Sur le contenu de la Figure III

La troisième figure correspond à la mise en garde pointe du sabre dirigée vers le bas comme si l'on portait quelque chose. Lorsque l'adversaire attaque, rechercher à frapper ses mains à l'aide du sabre que l'on relève brusquement. Si nous, nous recherchons à claquer les mains de l'adversaire, lui cherche à en faire autant. Lorsqu'il tente de faire tomber le sabre de nos mains, il faut relever celui-ci, passer à l'attaque et porter un coup horizontal afin d'atteindre son bras. Cette troisième figure consiste à porter un seul coup fatal au moment de l'attaque adverse. Cette mise en garde pointe du sabre dirigée vers le bas apparaît souvent, que ce soit chez le débutant ou l'expert, dans le processus de la pratique de la tactique. Il faut bien s'y exercer sabre en main.

Eau

Sur le contenu de la Figure IV

Gardez le sabre sur le côté gauche et frappez les mains de votre adversaire de bas en haut tandis qu'il s'apprête à vous frapper lui-même. Il va tenter de faire tomber votre sabre qui s'apprête à le cingler. Alors tout en visant à frapper ses mains, interceptez la trajectoire de son sabre en le pourfendant obliquement en remontant jusqu'à votre épaule. C'est là la trajectoire d'un sabre selon cette figure IV qui est aussi un moyen d'obtenir la victoire en interceptant la trajectoire du sabre de l'adversaire au moment où il vous attaque. Etudiez bien cela.

Sur le contenu de la Figure V

La cinquième figure correspond à la mise en garde sabre dirigé vers la droite. Ripostant à une attaque de votre adversaire relevez obliquement votre sabre du côté droit jusqu'au-dessus de votre tête et depuis le dessus de votre tête pourfendez tout droit. Cette façon de faire est aussi nécessaire à la bonne compréhension de la trajectoire du sabre. Si l'on s'accoutume bien à ce maniement du sabre alors on devient capable de bien manier même des sabres lourds.

Je ne me perdrai pas dans les détails de ces cinq figures. Il faut qu'elles deviennent coutumières afin de bien connaître les divers maniements de sabre de notre école, d'apprendre les grandes lignes du rythme et de discerner la trajectoire du sabre adverse. Il faut s'habituer à ces façons de manier le sabre même au cours de combats. En discernant les intentions de l'adversaire et en utilisant des rythmes variés on obtiendra la victoire d'une façon ou d'une autre. Réfléchissez-y bien.

Sur la recommandation
« prendre garde sans prendre garde »

« Prendre garde sans prendre garde » signifie, au sens le plus profond, qu'il n'y a pas de mise en garde pour un sabre. Cependant, si l'on divise en cinq positions la façon de se garder on peut appeler cela une mise en garde. L'essentiel dans la position du sabre est qu'elle soit la plus adaptée à pourfendre dans n'importe quelle direction que ce soit car cela dépend de la condition de l'adversaire, du lieu, de l'ambiance. Lorsque l'on descend un peu le sabre que l'on tient au-dessus de la tête c'est déjà le sabre dirigé en face de soi ; si l'on juge qu'il est plus avantageux de remonter un peu le sabre dirigé en face de soi c'est déjà le sabre au-dessus de la tête. Si, selon les circonstances, on remonte un peu le sabre la pointe dirigée vers le bas c'est déjà le sabre dirigé en face de soi. Les positions à droite et à gauche lorsqu'elles sont quelque peu modifiées vers le centre selon les situations se transforment déjà en sabre dirigé en face de soi ou en sabre la pointe dirigée vers le bas.

C'est ainsi que le principe « prendre garde sans

Eau

prendre garde » fut établi. Une fois que l'on tient un sabre le but à atteindre est de pourfendre l'adversaire de quelque façon que ce soit. Même si l'on intercepte, cingle, érafle, colle et cogne le sabre adverse qui s'apprête à nous pourfendre, tout est occasion de pourfendre l'adversaire. Sachez bien cela. Si vous pensez à intercepter, cingler, érafler, coller et cogner le sabre de votre adversaire alors vous manquerez de le pourfendre. Il est important au contraire de penser que tout est moyen de pourfendre. Réfléchissez-y bien.

La « disposition des forces » dans la tactique de masse (batailles) correspond à une mise en garde. Tout est moyen permettant d'atteindre la victoire dans les combats. Une position figée est mauvaise. Il faut bien y songer.

*Coup selon un seul rythme
pour pourfendre un adversaire*

Parmi les rythmes utilisés pour pourfendre un adversaire, il y a le « rythme unique » où les deux adversaires sont exactement dans la même position pour s'atteindre. Sentant que notre adversaire n'a pas encore pris sa décision, sans mouvoir ni notre corps ni nos idées, pourfendons-le vite et directement. C'est en cela que consiste le rythme unique. Attaquez votre adversaire avant qu'il n'ait décidé dans sa tête de tirer son sabre, de le dégager ou bien de vous frapper, c'est cela le rythme unique. Apprenez bien ce rythme et exercez-vous bien à frapper vite selon un rythme rapide.

Sur le rythme secondaire des reins

Lorsque nous nous apprêtons à attaquer, l'adversaire se recule vite et reprend rapidement sa tension. Dans un tel cas, feignez d'attaquer. Alors, l'adversaire sera tout d'abord en tension mais il la relâchera ensuite. A ce moment-là il faut l'attaquer sans délai. C'est là le rythme secondaire des reins. Les lecteurs ne comprendront pas facilement ce que je viens d'écrire, mais si quelqu'un leur explique en pratiquant, ils saisiront vite.

Le coup « sans pensée, sans aspect »

Lorsque votre adversaire s'apprête à vous attaquer en même temps que vous vous y apprêtez vous-même, votre corps prend la forme attaquante et votre esprit prend également une forme attaquante et vos mains frappent fort tout naturellement en partant du vide et à une vitesse allant s'accélérant. C'est le « sans pensée, sans aspect » et cela est très important. On rencontre très souvent ce coup. Il faut donc bien l'apprendre et s'y exercer. (*Note du traducteur :* cette expression « sans aspect » peut aussi être interprétée comme « sans réflexion », ce serait plus compréhensible.)

Le coup du cours d'eau

Lorsque deux adversaires sont de forces égales et au cours d'un corps à corps, l'un des deux cherchera à vite reculer, à vite se dégager ou bien à vite se débarrasser du sabre adverse en le cinglant. Dans ce cas il faut élargir corps et esprit, manier le sabre après le corps, lentement et comme le flux. Ainsi, pourfendez largement et avec force. Une fois que vous connaissez ce coup, vous connaissez un très bon coup. Seulement, le plus important dans ce cas est de bien savoir estimer la position et la force de l'adversaire.

Eraflure au hasard

Lorsque vous vous apprêtez à attaquer votre adversaire, celui-ci essaie de passer à la contre-offensive et tente d'écarter votre sabre en le cinglant. Alors, frappez-le d'un seul coup soit à la tête, soit aux mains, soit aux jambes, au hasard. Selon la trajectoire de votre sabre, frappez n'importe où : c'est là l' « éraflure au hasard ». Il faut bien apprendre ce coup car on se trouve continuellement en présence de cette sorte d'attaque. Exercez-vous minutieusement à ce coup afin de bien le comprendre.

Eraflure rapide comme une étincelle

L'éraflure rapide comme une étincelle s'applique au cas où les lames des deux sabres adverses sont entremêlées. Alors, donnez un coup fort sans relever votre sabre. Pour cela, il faut mettre de la force dans les jambes, le corps et les mains. Il faut porter un coup rapide grâce à la force ainsi répartie. On ne peut atteindre à ce coup sans exercices assidus, mais si on est bien forgé alors on est capable d'assener un coup fort.

Coup de feuille d'érable

Ce « coup de feuille d'érable » consiste à faire tomber le sabre adverse et à reprendre notre position de mise en garde avec notre sabre. Tout d'abord votre adversaire était en garde, face à vous, en train de penser à vous atteindre ou à vous cingler ou bien à se défendre. Alors vous frappez fort son sabre soit selon le coup « sans pensée, sans aspect » (sans réflexion ?) soit selon l'« éraflure rapide comme une étincelle », puis ne cessez de coller à son sabre la pointe du vôtre frappant vers le bas, alors le sabre de votre adversaire ne manquera pas de tomber. Si vous vous exercez bien à ce coup il vous sera facile de faire tomber le sabre adverse. Exercez-vous bien.

Eau

A propos du corps qui remplace le sabre

« Le corps qui remplace le sabre » pourrait être appelé aussi « le sabre qui remplace le corps ». En général on dit que lorsque l'on porte un coup à l'adversaire, le corps et le sabre ne manœuvrent pas ensemble. Selon les formes d'attaque de l'adversaire, notre corps prend d'abord la forme attaquante, ensuite notre sabre porte son coup à l'ennemi indépendamment de notre corps. Ou bien dans certains cas, notre corps ne bouge pas et seul notre sabre passe à l'attaque de l'adversaire, mais dans les grandes occasions, c'est le corps qui attaque tout d'abord et le sabre suit. Réfléchissez-y bien et apprenez ces coups.

Au sujet des coups et éraflures

Les coups sont une chose et les éraflures en sont une autre. Toutes les sortes de coups sont portés sciemment et avec certitude. Les éraflures ne sont que des touches. Même si les éraflures sont profondes au point que l'adversaire en meure sur le coup, ce ne sont encore que des touches. Tandis que les coups sont portés sciemment. Réfléchissez-y bien.

Érafler les mains ou les jambes de l'adversaire signifie les toucher d'abord en vue de porter un coup plus fort ensuite. Donc éraflure ne signifie que toucher. Si l'on s'exerce bien on comprendra facilement la différence entre les deux. Méditez bien là-dessus.

Position du singe de l'espèce aux mains courtes

La position « du singe de l'espèce aux mains courtes » signifie ne pas avancer les mains. Lorsque vous avancez votre corps vers votre adversaire, n'ayez jamais l'idée d'avancer vos mains et avant que votre adversaire n'ait eu le temps de vous porter un coup rapprochez vite votre corps de lui. Si vous avez l'intention d'avancer les mains alors votre corps restera sûrement en arrière. Plutôt, remuez vite votre corps tout entier. Si deux adversaires sont à portée de mains, il est facile d'arriver au corps à corps. Réfléchissez-y bien.

Position des corps adverses comme s'ils étaient laqués ou collés

« Laqués ou collés » signifie que les corps des deux adversaires sont très rapprochés et ne se séparent plus. Lorsque nous approchons du corps de notre adversaire collons-nous fort à lui par la tête, le tronc et les jambes. Bien qu'en général les gens approchent vite leur visage et leurs jambes, leur corps est sujet à demeurer en arrière. Il faut donc bien coller son corps à celui de l'adversaire et y adhérer de façon à ce qu'il n'y ait aucun espace. Réfléchissez-y bien.

Concours de taille

Lorsque vous vous approchez de votre adversaire, ne vous ratatinez en aucun cas, mais dressez-vous sur vos jambes, sur vos reins et redressez votre cou. Rapprochez-vous fort de lui et juxtaposez votre visage au sien, puis redressez-vous comme si vous vouliez gagner par votre hauteur à un concours de taille. Il est important de vous rapprocher fortement de votre adversaire de cette manière. Méditez bien là-dessus.

Adhérez bien

Lorsque votre adversaire vous attaque et que vous aussi portez un coup de sabre qu'il intercepte, alors fixez votre sabre sur le sien auquel il doit adhérer et par le fait rapprochez-vous bien. L'adhérence doit se faire avec l'intention de ne plus détacher votre sabre. Vous devez vous approcher de votre adversaire sans y mettre trop de force. Votre propre sabre doit être bien fixé au sien et y adhérer. Si vous vous approchez très calmement de votre adversaire ce n'est pas mal du tout.

L'adhérence est une chose et l'enchevêtrement en est une autre : l'adhérence est forte tandis que l'enchevêtrement est faible. Il faut bien les distinguer.

Foncer sur l'adversaire avec notre corps

Cela signifie foncer sur l'adversaire en s'approchant tout près de lui. Détournez un peu la tête, mettez votre épaule gauche de face et lancez-la dans la poitrine de votre adversaire. Pour vous élancer il faut mettre le plus de force possible. Il faut bondir avec souplesse, sur un rythme vivace. Si vous apprenez bien ce bond il peut devenir tellement fort que votre adversaire sera projeté de quatre à six mètres. Ou bien vous pourrez cogner tellement fort que votre adversaire en mourra sur le coup. Exercez-vous-y bien...

Trois sortes d'interception

Les trois sortes d'interception sont les suivantes :
1) Pour intercepter le sabre de votre adversaire qui vient vers vous au moment où vous vous rapprochez de lui, il faut viser ses yeux comme si vous vouliez les piquer de la pointe de votre sabre, puis faire dévier sur la droite le sabre adverse.
2) La seconde est appelée « interception en fente ». Interceptez à l'aide d'une fente le sabre adverse qui vient vers vous. Agissez comme si vous visiez l'œil droit de votre adversaire et comme si vous vouliez pincer son cou.
3) Si au moment où votre adversaire vous attaque, vous vous approchez de lui avec un sabre court, ne cherchez pas à intercepter son sabre, mais approchez-

Eau

vous de votre adversaire comme si vous vouliez fendre de votre main gauche son visage.

Ce sont les trois sortes d'interception. Dans tous les cas il faut serrer le poing gauche avec lequel vous voudriez atteindre le visage de votre adversaire. Exercez-vous-y bien.

Piquer le visage de l'adversaire

Lorsque votre sabre et celui de votre adversaire sont de même force et bloqués, dans leur enchevêtrement il est important de toujours rechercher à piquer le visage de votre adversaire de la pointe de votre sabre. Si vous recherchez à piquer son visage alors il rejettera sa tête et son corps en arrière. Si vous parvenez à ce que votre adversaire rejette sa tête et son corps en arrière alors vous aurez plusieurs occasions de parvenir à la victoire. Méditez bien là-dessus. Au cours du combat, si votre adversaire est sujet à rejeter son corps en arrière, la victoire sera déjà à vous. Ainsi n'oubliez pas de rechercher à piquer son visage. Exercez-vous bien selon ces moyens avantageux au cours de l'exercice de la tactique.

Piquer le cœur de l'adversaire

Dans les cas où, au cours de combats, il vous est impossible de pourfendre votre adversaire parce que votre champ d'action est fermé au-dessus et sur les côtés, cherchez à piquer votre adversaire. Placez le dos de votre sabre horizontalement face à lui, en faisant un petit mouvement en arrière de votre sabre afin de ne pas dévier et piquez la poitrine de votre adversaire. Ainsi vous pourrez faire dévier son sabre attaquant. Ce moyen convient bien aux cas où vous vous sentez fatigué ou lorsque votre sabre n'est pas très tranchant. Sachez bien discerner cela.

Au sujet de « Kâtsu ! »

Les cris « Kâtsu ! » et « Tôtsu ! » sont utilisés dans les cas suivants : lorsque vous portez un coup à votre adversaire et que vous le dominez, votre adversaire s'apprête à passer à la contre-offensive, alors relevez votre sabre depuis le bas en cherchant à le piquer, puis pourfendez-le d'un second coup. Ces deux mouvements doivent être exécutés à un rythme très rapide : piquez depuis le bas « Kâtsu ! », puis pourfendez « Tôtsu ! ». Ces rythmes se rencontrent dans tous les échanges de coups. Pour procéder à « Kâtsu ! » et « Tôtsu ! » : élevez la pointe de votre sabre en recherchant à piquer votre adversaire et en même temps que vous élevez votre sabre pourfendez d'un seul coup. En pratiquant bien, examinez bien tout cela.

Interception en claquant

Lorsqu'au cours d'échanges de coups avec votre adversaire le rythme devient piétinements, claquez tout d'abord le sabre attaquant adverse à l'aide du vôtre, puis portez-lui un coup. Ce claquement n'a pas besoin de se produire avec force et n'a pas la signification d'une interception. Vous adaptant au sabre de votre adversaire qui vous attaque, vous le claquez, et aussitôt portez un second coup. Il est important que vous preniez l'initiative tout d'abord par le claquement et de la conserver ensuite par ce coup. Si vous devenez habile au rythme du claquement, si fort que soit le coup de votre adversaire, la pointe de votre sabre ne s'inclinera pas quand bien même votre claquement serait petit. Apprenez bien cela et réfléchissez-y bien.

Au centre d'une mêlée

Je veux parler ici du cas où vous êtes seul face à plusieurs adversaires. Tirez votre sabre et votre petit sabre et mettez-vous en garde en étendant largement et à l'horizontale vos sabres de chaque côté de votre corps. Même si vos adversaires vous attaquent sur quatre côtés cherchez à les pourchasser dans une seule direction. Sachez bien discerner parmi vos adversaires les premiers attaquants de ceux qui suivent et passez à la contre-offensive vivement en commençant par ces premiers attaquants. Que vos regards embrassent le tout et saisissez le plan d'attaque de vos adversaires. Portez des coups à la fois de votre sabre droit et de votre sabre gauche. Une fois les coups portés il est très mauvais de se figer dans l'attente. Immédiatement retournez à votre position de mise en garde, vos sabres de chaque côté. Pénétrez fort parmi vos assaillants, renversez-les, sans relâche foncez sur les nouveaux et écrasez-les également.

Il est important de rechercher par tous les moyens à pourchasser les adversaires en les ayant en file indienne comme des poissons enfilés les uns derrière les autres sur un même fil. Si vous voyez que vos adversaires sont l'un derrière l'autre, portez fort des coups sans répit.

Si vous ne vous préoccupez que de pourchasser vos adversaires groupés ce n'est pas bien. Si vous ne vous préoccupez que de répliquer au fur et à mesure à chaque adversaire qui vous attaque, ce n'est pas bien non plus car il y a attente. Après avoir trouvé le rythme de vos adversaires, recherchez leurs points faibles afin de pouvoir les abattre et ainsi, parvenez à la victoire.

Au cours de vos exercices essayez de rassembler plusieurs personnes pour vous servir d'adversaires et recherchez le moyen le meilleur de les pourchasser. Alors vous deviendrez capable de combattre sans aucune inquiétude, seul face à un unique aussi bien qu'à dix ou vingt adversaires. Exercez-vous bien et réfléchissez bien.

Sur l'efficacité des échanges de coups

Grâce à l'efficacité des échanges de coups l'on peut comprendre d'où vient la victoire dans la tactique et le sabre. Il est impossible de le relater en détail. C'est après une étude assidue que l'on peut comprendre d'où provient la victoire. Cette efficacité des échanges de coups est en somme le maniement des sabres qui exprime la vraie Voie de la tactique. L'explication ne peut en être que verbale.

Au sujet d'« un seul coup »

On peut être certain de la victoire grâce à ce moyen d'« un seul coup ». Sans bien étudier la tactique on ne peut y parvenir. Si on s'exerce bien à ce coup unique, la tactique devient familière et ce moyen deviendra la Voie menant à une victoire aisée. Etudiez-le bien.

Sur la position de l'esprit pénétrant

L'esprit pénétrant est transmis par la Voie véritable de notre école « des deux sabres ». Exercez-vous bien et il est important de bien adapter au corps cette tactique. L'explication ne peut en être que verbale.

Tout ce que j'ai écrit plus haut était une explication en grandes lignes, en un seul chapitre, de l'escrime selon notre école.

Pour parvenir à une victoire, dans la tactique du maniement du sabre, il faut passer par les processus suivants : tout d'abord bien connaître les cinq mises en garde grâce aux cinq Figures, assouplir le corps entier par la connaissance approfondie des trajectoires du sabre, bien saisir le rythme de la Voie sous l'effet d'un jugement correct, perfectionner le maniement du sabre jusqu'à ce qu'il devienne tout naturel, le corps et les jambes doivent évoluer en toute liberté, ainsi au fur et à mesure que l'on vainc une personne après l'autre on parvient à comprendre ce qu'il y a de bon ou de mauvais dans la tactique. Pratiquez selon chaque paragraphe de ce livre et combattez chacun de vos adversaires. Ainsi vous comprendrez progressivement les principes (avantages) de la Voie. Il faut que tout cela soit toujours présent dans votre tête et il ne faut pas vous hâter. Selon les circonstances, apprenez de temps à autre les vertus de la tactique. Il faut que vous combattiez contre toutes sortes de gens et ainsi vous pourrez connaître leurs pensées. Sur le chemin le plus long on avance pas à pas. Réfléchissez-y sans vous hâter. Prenez la pratique de ces règles pour fonction de samouraï. Aujourd'hui vainquez le « moi » d'hier et demain vainquez celui qui vous est inférieur, puis un autre jour vous vaincrez ceux qui vous sont supérieurs. Agissez comme il est dit dans ce livre et faites attention de ne pas dévier de votre chemin.

Lorsque vous avez vaincu un adversaire quelconque, si vous l'avez fait contrairement aux principes ce n'est pas la Voie véritable. Si vous avez présente à l'esprit l'efficacité de la tactique, vous aurez l'esprit de

Eau

vaincre à vous seul plusieurs dizaines de personnes. Ainsi, par l'intelligence dans l'escrime vous aurez atteint la compréhension de la tactique de masse ou individuelle. Forgez-vous par l'étude de mille jours et polissez-vous par l'étude de dix mille jours. Il faut bien y réfléchir.

> **Le 12 mai de la seconde année de Shôho,
> Shimmen Musashi,
> à Monsieur Terao Magonojô.**

IV.

Feu

Comparons la tactique de notre école « des deux sabres » et le combat, à un feu. Dans ce chapitre « feu » je traite de tout ce qui concerne le combat, la victoire et la défaite.

En général les gens prennent toujours le principe de la tactique pour du bricolage. Ou bien certains veulent connaître les mouvements des doigts et des poignets. Ou bien, d'autres, un éventail à la main, voudraient décider de la victoire ou de la défaite selon le mouvement des avant-bras exécuté trop tôt ou trop tard. Ou bien d'autres encore, un sabre de bambou (shinai) à la main, voudraient acquérir une micro-rapidité de mouvement, la manœuvre des mains et des pieds et obtenir ainsi l'avantage sur leurs adversaires grâce à la rapidité.

Mais dans ma tactique, on combat en risquant sa vie au cours de plusieurs combats, on discerne les deux principes (avantages) de la vie et de la mort, on apprend la Voie du sabre, on jauge la force ou la faiblesse des coups de sabre de nos adversaires, on saisit bien la trajectoire du tranchant et du dos des sabres et ainsi forgé on devient capable d'abattre ses adversaires. En conséquence bricolage et faiblesse sont hors de question. Surtout dans un combat avec port d'armure, un bricoleur ne sert à rien. De plus dans un combat où l'on risque sa vie, il arrive que l'on soit seul contre cinq ou dix adversaires. La tactique selon ma Voie doit connaître avec certitude le chemin de la victoire même en ce cas-là. En conséquence quelle différence dans le principe pourrait-il y avoir entre un combat à un contre dix et un combat à mille contre dix mille ? Réfléchissez-y bien.

Cependant au cours de l'exercice quotidien, il est impossible de réunir mille ou dix mille personnes afin d'étudier cette Voie. Donc, même si l'on se trouve seul lorsque l'on saisit un sabre, il faut découvrir les stratagèmes d'un adversaire supposé, juger sa force ou sa faiblesse de moyens, comprendre quels sont les moyens d'avoir la victoire sur tout le monde grâce à l'intelligence de la tactique et ainsi on devient un expert en cette Voie. Que votre cœur affirme bien : « Qui au monde, en dehors de moi, pourrait obtenir la Voie véritable de la tactique de notre école et l'approfondir jusqu'à son point ultime ? » Forgez-vous bien du matin au soir et polissez-vous bien. Et ainsi vous obtiendrez l'aisance, parviendrez sans effort au prodige, à l'extraordinaire. Tout cela est à la base de l'exécution de la Loi par la tactique.

Au sujet de la topographie des lieux de combat

Le choix de la configuration des lieux de combat est important. Par exemple, il faut choisir un emplacement où on aura le soleil dans le dos, c'est-à-dire que nous procéderons à notre mise en garde en ayant le soleil dans le dos. Si, selon les circonstances vous ne pouvez avoir le soleil dans le dos, tâchez de l'avoir sur votre droite. Il en va de même à l'intérieur d'une salle : ayez la lumière dans le dos ou sur votre droite. Evitez d'avoir une impasse derrière vous et il sera préférable de vous mettre en garde en ayant un espace plus vaste sur le côté gauche et un espace plus étroit sur le côté droit. (*Note du traducteur :* Pour les deux sabres de l'école Musashi il faut éviter l'attaque adverse du côté droit.) Même dans l'obscurité, si votre adversaire est visible, il faut vous mettre en garde de même en ayant la clarté dans le dos ou sur le côté droit.

On dit qu'il faut regarder de haut ses adversaires. Prenez soin de vous mettre en garde dans un endroit élevé, si peu que ce soit. Dans une pièce, prenez la place d'honneur pour l'endroit le plus haut.

Or, une fois que le combat a débuté, pourchassez vos adversaires sur votre gauche. Efforcez-vous de les faire reculer vers l'endroit le plus difficile. En tout cas il est très important de les faire reculer vers l'endroit le plus difficile. Aussi, il faut empêcher l'adversaire de regarder et de voir les caractéristiques d'un endroit difficile. Il faut donc éviter que les regards de l'adversaire puissent se promener alentour : assaillez-le sans cesse. Dans une pièce, poursuivez votre adversaire vers un seuil, sous des linteaux de portes, portes, portes coulissantes, galeries ou piliers. Dans ces cas-là aussi il faut éviter que les regards de l'adversaire puissent se promener alentour. Dans tous les cas il faut pourchasser vos adversaires vers les endroits où leurs pieds ne trouveront pas un bon appui ou bien dans les endroits où ils seront gênés sur le côté. En toutes occasions utilisez le terrain le plus avantageux pour vous et dès le début ayez la supériorité sur votre adversaire au point de vue topographie des lieux. Réfléchissez-y bien et exercez-vous bien.

Trois façons de prendre l'initiative

Il y a trois façons de prendre ou d'avoir l'initiative : 1) Prendre l'initiative d'attaquer le premier l'adversaire. Cela s'appelle « initiative de provocation ». 2) L'initiative à prendre lorsque l'adversaire attaque. Cela s'appelle « initiative d'attente ». 3) Initiative à prendre lorsque l'adversaire attaque en même temps qu'il est attaqué. Cela s'appelle « initiative mutuelle ». Ce sont là les trois façons de prendre l'initiative. Dans tout combat, au début, il n'y a que ces trois façons de prendre l'initiative. Selon la façon de prendre l'initiative on peut déjà parvenir à la victoire. Donc prendre l'initiative est la première chose à faire dans la tactique. Plusieurs détails apparaissent dans la manière de prendre l'initiative. Selon les circonstances et l'occasion, en épiant les intentions de l'adversaire, prendre l'initiative. Ainsi l'on parvient à la victoire grâce à la sagesse de la tactique. Je ne puis décrire ici chaque cas en détail.

1) *Initiative de provocation.* Elle est de plusieurs sortes. Si vous voulez attaquer le premier, demeurez calme et brusquement attaquez avec rapidité et ainsi, prenez l'initiative. Attaquez extérieurement fort et avec rapidité tandis que le fond de votre esprit reste stagnant. Ou bien mettez de la force coûte que coûte dans votre esprit et manœuvrez vos jambes un peu plus rapidement qu'à l'habitude et aussitôt que vous approchez du côté de votre adversaire passez à l'assaut d'un seul coup. C'est là l'initiative. Ou bien laissez votre esprit dans le vague et ayez constamment la ferme volonté de passer à l'assaut de votre adversaire du début à la fin du combat. Mettez votre force jusqu'au fond de votre esprit afin de parvenir à la victoire. Tout cela est « initiative de provocation ».

2) *Initiative d'attente.* Lorsque votre adversaire passe à l'assaut et arrive vers vous, demeurez indifférent et faites semblant d'être faible. Lorsqu'il se rapproche encore plus reculez fort et faites semblant de bondir en arrière. Lorsque vous découvrez que votre adversaire ralentit quelque peu son assaut passez d'une seul coup à la contre-offensive et enlevez la victoire. C'est le premier cas. Lorsque votre adversaire passe à l'assaut, vous aussi passez encore plus fort à l'assaut. Et si le rythme de l'assaut de votre adversaire change utilisez bien cette occasion et enle-

vez la victoire. C'est aussi un principe de l' « initiative d'attente ».

3) *Initiative mutuelle*. Si votre adversaire a un assaut rapide, alors, que le vôtre soit tranquille mais fort. Puis lorsque votre adversaire s'approche encore plus de vous prenez une mise en garde décisive et saisissant un instant d'hésitation chez votre adversaire attaquez-le fort immédiatement et enlevez la victoire. Lorsque votre adversaire passe à l'assaut tranquillement vous passez aussi à l'assaut un peu rapidement, le corps un peu décontracté. Et lorsque votre adversaire s'approche un peu plus, corrigez-le un peu, et selon ses actions emportez fortement la victoire. Ce sont les moyens de l' « initiative mutuelle ». Je ne puis décrire tout en détail.

Sur la base de tout ce que je viens d'écrire réfléchissez bien. On adopte l'une de ces trois initiatives selon les circonstances et l'avantage qu'elles présentent sur le moment. Je ne dis pas qu'il faut que vous passiez toujours le premier à l'assaut, mais tout de même il vaut mieux avoir l'assaut de votre côté afin de manœuvrer l'adversaire. Dans tous les cas prendre l'initiative signifie parvenir à la victoire sous l'effet de l'intelligence de la tactique. Exercez-vous bien.

Presser l'oreiller de l'adversaire

« Presser l'oreiller de l'adversaire » signifie l'empêcher de relever sa tête. Dans le combat de la tactique il est mauvais d'être manœuvré par un adversaire et d'agir en retard. Il faut vouloir par tous les moyens manœuvrer notre adversaire selon notre volonté.

En conséquence, comme vous-même, votre adversaire en a aussi l'intention. On ne peut y parvenir sans avoir au préalable saisi les intentions de l'adversaire. Dans la tactique, on stoppe tous les coups que s'apprête à porter l'adversaire, on déjoue toutes les fentes qu'il s'apprête à exécuter et on sait se dégager avant qu'il n'exécute une prise. Tout cela est contenu dans l'expression « Presser l'oreiller de l'adversaire ». Lorsque nous sommes face à un adversaire, il faut que, basés sur notre tactique authentique, nous sachions déceler le plus petit bourgeon qui germe dans sa tête avant qu'il ne passe à son exécution. Si votre adversaire s'apprête à vous porter un « coup », pressez la tête de la lettre « c » (du mot coup) et ne le laissez pas continuer. C'est cela « presser l'oreiller de l'adversaire ». Si votre adversaire passe à l' « assaut », pressez la tête de la lettre « a » (du mot assaut), si votre adversaire s'apprête à « bondir », pressez la tête de la lettre « b » (du mot bondir) et si votre adversaire s'apprête à vous « pourfendre », pressez la tête de la lettre « p » (du mot pourfendre). Tout revient au même.

Lorsqu'un adversaire s'active contre nous, il faut le

Feu

laisser procéder aux actes inutiles et réprimer ses actes utiles afin de l'empêcher de continuer. C'est très important dans la tactique. Mais si vous êtes uniquement préoccupé de toujours réprimer les actes de l'adversaire c'est déjà « après coup ». L'essentiel est que vos actions quelles qu'elles soient suivent la Voie de la tactique et que vous comprimiez au fur et à mesure les germes d'intentions qui naissent dans le cerveau de votre adversaire. Rendez-les inutiles et ainsi manœuvrez votre adversaire. C'est ce que les experts de la tactique sont capables de faire. On y parvient en se forgeant. Réfléchissez bien sur ce « Presser l'oreiller de l'adversaire ».

Dépasser le courant critique

Pour passer en pleine mer, il faut parfois franchir des détroits ou bien de vastes mers de 100 ou 200 km et au long de ce parcours on aura à traverser des courants critiques. De même dans notre traversée du monde, nous aurons à traverser des courants critiques dans notre vie. Pour qu'un bateau puisse bien suivre son chemin il faut connaître les courants critiques, bien connaître la position du bateau et la météorologie. Ainsi ce bateau peut naviguer par ses propres moyens, sans l'aide d'aucun autre bateau-compagnon. Selon les circonstances on navigue grâce à des vents de bâbord ou de tribord ou bien avec le vent en poupe. Si parfois le vent change, ayez la ferme volonté d'arriver au port, même s'il vous faut ramer sur 10 ou 15 km.

En naviguant ainsi vous pourrez franchir les courants critiques.

Pour traverser le monde humain il faut avoir cette philosophie. Ayez la ferme volonté de traverser le courant critique dans les moments de crise.

Au cours des combats de la tactique il est important de franchir ce courant critique. De même que le bon navigateur franchit les mers, traversons les courants critiques en saisissant la position de nos adversaires, en connaissant bien les qualités de notre technique et en nous basant sur les principes (avantages) de la tactique. Si l'on dépasse le courant critique on se trouve déjà en sécurité. Une fois le courant critique dépassé, on fait naître des points faibles chez l'adversaire, on prend l'initiative et on a déjà atteint une grosse partie de la victoire. Ce passage du courant critique est important dans la tactique qu'elle soit de masse (bataille) ou individuelle. Réfléchissez-y bien.

Conjecture du cours

Dans la tactique de masse (bataille) la conjecture se décompose en : sentir le degré de vitalité des adversaires, deviner les intentions des troupes ennemies, savoir saisir les conditions offertes sur le moment et savoir tirer les conjectures se rapportant aux ennemis, savoir choisir quelle attaque nos troupes devront effectuer. D'où certitude d'obtenir la victoire sur la base de la tactique. Il est important de combattre en sachant prendre l'initiative.

Feu

Il en va de même pour la tactique individuelle. Il faut comprendre l'école à laquelle appartient l'adversaire, juger de son caractère, discerner ses points faibles de ses points forts. Utiliser des moyens d'assaut différents de ceux que l'adversaire attend. Sentir les hauts et les bas dans la cadence de l'adversaire, et connaître ses rythmes. Ainsi il est important de prendre l'initiative.

Si votre intelligence est forte vous ne sauriez manquer de conjecturer toutes choses. Si vous obtenez la liberté de manœuvre dans la tactique vous devinerez bien toutes les intentions de votre adversaire d'où vous tirerez plusieurs moyens d'avoir la victoire. Méditez bien là-dessus.

Fouler le sabre

L'expression « fouler le sabre » est spécialement utilisée dans la tactique. **Tout d'abord,** en ce qui concerne la tactique de masse (bataille), lorsque les ennemis tirent des flèches ou au fusil ou n'importe quoi, leur intention est, après ce tir, de passer à l'assaut. Donc, si nous passons une flèche dans l'arc ou mettons une balle dans le fusil, nous ne pouvons pas passer à la contre-offensive. Pendant que l'ennemi tire flèches ou balles, passez vite à la contre-attaque. Si vous contre-attaquez vite, l'ennemi ne peut utiliser ni flèches ni balles. Cela signifie que, prenant les assauts de l'adversaire comme ils viennent, on obtient la victoire en « foulant » tout ce qu'il fait.

Il en va de même pour la tactique individuelle. Si nous passons à la contre-attaque après un coup de sabre de notre adversaire, le combat devient pêle-mêle et ne marche pas bien. Ayez en tête l'idée de fouler aux pieds le sabre attaquant adverse. Et ainsi portez un coup dès que votre adversaire s'apprête à vous attaquer et empêchez-le de mener à bien une seconde attaque. Lorsque je dis « fouler » cela ne signifie pas nécessairement fouler avec les pieds. Foulez même avec votre corps, foulez même avec votre esprit et naturellement avec votre sabre. Ainsi, faites toujours attention d'empêcher toute seconde attaque de votre adversaire.

Tout cela suit le même principe que prendre l'initiative en toute chose. Bien que j'ai dit « une seule fois », cela ne signifie pas de foncer sur l'adversaire mais de continuer de coller à lui. Réfléchissez-y bien.

Savoir faire effondrer

En toute chose il y a effondrement : la maison s'effondre, le corps s'effondre et un adversaire s'effondre. Le moment venu, le rythme change et ainsi l'effondrement se produit.

Dans la tactique de masse il faut connaître le rythme afin que les adversaires s'effondrent. Il est important de les pourchasser immédiatement sans laisser s'écouler aucun temps. Si vous perdez du temps à souffler

Feu

pendant cet effondrement alors vos adversaires auront le temps de se restaurer.

Dans la tactique individuelle, au cours d'un combat le rythme de l'adversaire devient désordonné et son effondrement apparaît. Si vous laissez passer cette occasion, il se restaurera et il aura une énergie nouvelle et le combat ne marchera pas bien. Il est important de poursuivre à coup sûr au moment des premiers symptômes d'effondrement afin que l'adversaire ne puisse se restaurer. Il faut poursuivre d'une manière directe et forte et lui porter un coup décisif afin qu'il ne puisse se restaurer. Réfléchissez bien à ce coup décisif. Si votre coup n'est pas décisif le duel sera tiède. Méditez bien là-dessus.

Devenez votre adversaire

« Devenez votre adversaire » signifie vous mettre complètement à sa place. Si nous voulions placer cela dans la vie quotidienne nous pourrions le comparer à : des gens qui s'imaginent qu'il est fort bien qu'un voleur soit enfermé dans une bâtisse après son méfait. Ils pensent qu'il est féroce, mais mettez-vous à la place du voleur. Seul, il tient tête à tout le monde et il est plutôt terrifié de se voir encerclé sans découvrir aucune issue. Celui qui est encerclé est comme le faisan et ceux qui lui donnent l'assaut sont comme des faucons. Méditez bien là-dessus.

Dans la tactique de masse (bataille) on a tendance à penser que les ennemis sont forts et on devient trop prudent. Mais si on dispose d'un nombre d'hommes suffisant, connaît bien toutes les théories de la tactique et sait bien saisir la chance de victoire, l'on n'a rien à craindre. Dans la tactique individuelle, il faut se mettre à la place de l'adversaire afin qu'il se sente déjà battu face à quelqu'un qui connaît bien la tactique, est fort en théorie et expert en arts martiaux. Réfléchissez-y bien.

Séparer les quatre mains

« Séparer les quatre mains » signifie que : lorsque votre adversaire et vous-même avez les mêmes idées, que vous êtes à égalité et que vous stagnez dans un piétinement, votre combat n'avance plus. Si vous vous trouvez dans cette situation, abandonnez vite votre intention première. Enlevez la victoire par quelque autre moyen efficace.

Dans la tactique de masse (bataille) si le combat piétine comme quatre mains immobilisées (les vôtres et celles de vos adversaires), on ne fait que perdre des hommes. En ce cas abandonnez vite l'idée première : il est important d'enlever la victoire selon un moyen efficace, inattendu de vos adversaires.

De même dans la tactique individuelle, si vous vous trouvez dans la position de quatre mains immobiles, modifiez vite votre pensée. Il est important d'enlever la victoire en saisissant la position de votre adversaire et en utilisant ainsi un moyen spécialement efficace et inattendu. Sachez bien discerner tout cela.

Faire bouger l'ombre

« Faire bouger l'ombre » est applicable au moment où l'on ne peut parvenir à discerner les intentions d'un adversaire. Dans la tactique de masse (bataille) lorsque vous ne réussissez par aucun moyen à discerner les intentions de vos ennemis, faites semblant de passer fortement à l'assaut et ainsi vous pourrez voir ce qu'ils veulent faire. Une fois que vous aurez saisi leurs intentions il vous sera facile d'enlever la victoire à l'aide d'un moyen efficace convenant aux circonstances.

Dans la tactique individuelle aussi, lorsque votre adversaire maintient son sabre derrière lui ou bien à son côté, vous ne pouvez pas deviner ses intentions. Alors si vous feignez de lui porter brusquement un coup, il trahira sa pensée, ses intentions par son sabre. Une fois que vous connaîtrez ses intentions, il est certain que vous emporterez la victoire en poursuivant les avantages dus aux circonstances. Mais si vous êtes distrait votre rythme se relâchera. Réfléchissez-y bien.

Comprimer l'ombre

« Comprimer l'ombre » est adapté au moment où vous sentez chez votre adversaire l'intention de manœuvrer.

Dans la tactique de masse (bataille) on dit qu'il faut comprimer l'idée de manœuvrer qui germe dans la tête des ennemis. Si vous laissez voir explicitement à vos adversaires votre compression de leur tactique, pressés par votre force ils changeront d'idées. Alors de votre côté changez aussi d'idées, prenez une initiative issue d'un esprit vide et enlevez la victoire.

Dans la tactique individuelle, selon le rythme qui vous est avantageux, empêchez qu'une intention forte ne germe dans l'esprit de votre adversaire et au moment où son intention est abandonnée par lui, prenez l'initiative sur le chemin de la victoire. Méditez bien là-dessus.

Sur la transmission

Chaque chose obéit à un phénomène de transmission. Ou bien c'est le sommeil qui se communique, ou bien un bâillement se communique. Les temps se succèdent.

Dans la tactique de masse (bataille), lorsque vos adversaires sont encore sous le coup de l'excitation et qu'ils vous semblent se précipiter, prenez au contraire un air nonchalant comme si vous étiez indifférent.

Feu

Alors ils seront contaminés et leur attention se relâchera. Lorsque vous saisissez le moment où ce relâchement s'est transmis à vos ennemis, de votre côté, l'esprit vide, passez à l'assaut rapidement et fortement. Ainsi vous pourrez avoir l'avantage sur le chemin de la victoire.

Dans la tactique individuelle aussi, que votre corps et votre mentalité semblent nonchalants. Sachez saisir le moment de relâchement de votre adversaire et prenez alors l'initiative fortement et rapidement. Il est important d'obtenir ainsi la victoire.

L'expression « enivrer » et cette action ont un sens similaire qui consiste soit à attirer des ennuis à l'adversaire, soit à rendre son action superficielle, soit à affaiblir son esprit. Méditez bien là-dessus.

Faire perdre à l'adversaire son équilibre mental

On peut trouver en toutes choses ce manque d'équilibre. L'équilibre mental se perd en cas de danger, de difficultés ou de surprise. Réfléchissez-y bien.

Dans la tactique de masse (bataille) il est important de faire perdre leur équilibre mental à vos ennemis. Par surprise passez à un assaut acharné de vos ennemis et avant qu'ils n'aient eu le temps de décider quoi que ce soit prenez l'initiative de telle façon qu'elle soit avantageuse pour vous. Il est important d'obtenir ainsi la victoire.

Aussi dans la tactique individuelle, paraissez nonchalant au début et tout à coup passez fortement à l'assaut. Continuez selon les hauts et les bas et selon les actions de votre adversaire, ne le laissez pas souffler et conservez jusqu'au bout votre avantage. Il est important d'obtenir ainsi la victoire. Réfléchissez-y bien.

Effrayer

Effrayer existe en toutes choses et signifie provoquer une frayeur par surprise.

Dans la tactique de masse (bataille) effrayer des ennemis ne consiste pas uniquement à le faire visuellement car on peut effrayer des ennemis par un bruit, ou bien en leur faisant croire que le petit nombre de combattants dont on dispose est plus important qu'il n'est en réalité, ou bien en les effrayant par une attaque surprise de côté. Tout cela peut être cause de frayeur. Sachez saisir le rythme de la frayeur de vos ennemis et parvenez à la victoire grâce à cet avantage.

Aussi dans la tactique individuelle, effrayez votre adversaire à l'aide de votre corps, de votre sabre ou bien de vos cris. Attaquez par surprise d'une façon que votre adversaire n'a pu imaginer et tirez avantage de sa frayeur, puis parvenez à la victoire. Cela est important, réfléchissez-y bien.

Feu

Sur l'enchevêtrement

Si votre adversaire et vous-même êtes proches l'un de l'autre et que votre résistance mutuelle est très forte, que vous trouvez que rien ne marche bien, enchevêtrez-vous avec votre adversaire et pendant cet enchevêtrement sachez saisir une occasion avantageuse et enlevez la victoire.

Dans les tactiques de masse (bataille) et individuelle si vos adversaires et vous-mêmes êtes écartés et que votre résistance mutuelle est forte, alors vous ne trouverez aucune issue débouchant sur la victoire. Alors enchevêtrez-vous avec vos adversaires à tel point que l'on ne puisse vous distinguer les uns des autres, puis pendant ce temps saisissez l'occasion avantageuse et enlevez avec force la victoire. Cela est important, réfléchissez-y bien.

Toucher son adversaire dans un coin

Parfois, il est impossible de pousser un objet quelconque lourd directement de face. A ce moment-là, il vaut mieux le pousser de biais.

Dans la tactique de masse (bataille), sachez évaluer le nombre de vos ennemis et menez votre attaque contre la partie forte qui se trouve la plus en avant. Ainsi vous pourrez avoir l'avantage. Au fur et à mesure que la partie adverse qui se trouve en avant se relâche, tous les ennemis se relâchent aussi. Même pendant qu'ils sont en train de se relâcher, recherchez sans cesse à les attaquer de biais. Il est important d'enlever ainsi la victoire.

Même dans la tactique individuelle, si vous touchez le corps de votre adversaire de biais, son corps s'affaiblira petit à petit, tant soit peu, et finira par s'écrouler. A ce moment-là il vous est facile d'avoir la victoire. Réfléchissez-y bien et comprenez bien les moyens d'avoir la victoire.

Faire naître une certaine tension nerveuse chez l'adversaire

Faire naître une certaine tension nerveuse chez l'adversaire consiste à l'empêcher d'être sûr de lui.

Dans la tactique de masse (bataille), sur les champs de bataille sachez déceler tout d'abord les intentions de l'ennemi et grâce à votre connaissance de la tactique, égarez votre adversaire afin qu'il ne reconnaisse plus : ici ou là, ceci ou cela, tôt ou tard. Puis saisissez l'occasion de l'instant où il tombe en tension nerveuse et ainsi vous aurez la victoire.

Aussi dans la tactique individuelle, selon les cas, essayez différentes sortes d'assaut : ou vous semblez sur le point de frapper, ou bien de porter une botte, ou bien d'engager un corps à corps, ainsi vous ferez naître une certaine tension nerveuse chez votre adversaire et parviendrez aisément à la victoire. C'est là l'essentiel de tout combat. Réfléchissez-y bien.

Feu

Sur les trois sortes de cris

Il y a trois sortes de cris : le premier cri, le cri du milieu, le cri final. Ils correspondent exactement à un moment du combat. Le cri est un signe de force. Donc on crie face à un incendie. On crie pour vaincre le vent ou la vague. Le cri montre la force.

Dans la tactique de masse (bataille), le cri poussé au début doit être le plus exagéré possible, tandis que le cri poussé au cours du combat doit être d'un ton plus grave et venir de la profondeur du ventre. Après avoir enlevé la victoire on pousse un grand cri fort. Ce sont là les trois sortes de cris.

Aussi dans la tactique individuelle, pour faire bouger l'adversaire on fait semblant de lui porter un coup en poussant un cri, et on porte le coup de sabre, après ce cri. Il arrive aussi qu'après avoir porté le coup on pousse un autre cri : c'est le cri de victoire. Ces deux cris sont appelés « cris précédant et suivant ». Il faut éviter de pousser un grand cri en même temps que l'on porte un coup de sabre. Si l'on pousse un cri durant le combat c'est afin de se fixer sur un rythme. A ce moment-là on pousse un cri sur un ton grave. Réfléchissez-y bien.

Sur le zigzag

Le zigzag est appliqué dans la tactique de masse (bataille) où deux armées sont face à face. Dans le cas où vos ennemis sont forts, portez vos assauts sur un angle de l'armée ennemie et si vous constatez que cette partie adverse s'est relâchée, abandonnez-la et reportez vos assauts sur un autre angle fort, puis un autre, c'est-à-dire attaquez en zigzag.

Dans la tactique individuelle, si vous êtes seul face à plusieurs adversaires, ce moyen est très important. Si une partie de vos adversaires est vaincue ou bien prend la fuite, passez à l'assaut de la partie forte. Selon le rythme de vos adversaires, attaquez tantôt à gauche tantôt à droite avec un rythme en zigzag. Faites-le sans perdre de vue l'état de vos adversaires. Si vous parvenez à saisir le degré de force de votre adversaire, alors passez fortement à l'assaut. Dans ce cas-là, n'ayez aucune restriction et parvenez à la victoire avec force. Lorsque vous n'avez qu'un seul adversaire à transpercer et si cet adversaire est fort il faut garder cet état d'esprit. Connaissez bien ces assauts en zigzag, zigzag sans aucune idée de recul même d'un pas.

Neutraliser

Neutraliser signifie ici : s'imaginer que les adversaires sont faibles et ainsi se comporter avec force pour parvenir à les neutraliser.

Feu

Dans la tactique de masse (bataille), si vous jugez que vos ennemis sont peu nombreux, ou bien, s'ils sont nombreux et que vous découvriez chez eux une certaine tension nerveuse ou quelque autre point faible, neutralisez-les en rassemblant d'un seul coup toutes vos forces. Si votre neutralisation est faible, il peut arriver que vos ennemis se redressent. Ayez bien en tête cette idée de neutralisation de l'ennemi comme si vous écrasiez quelque chose entre vos doigts.

Dans la tactique individuelle, lorsque vous vous trouvez face à un adversaire qui vous est inférieur, ou bien lorsque le rythme de votre adversaire est perturbé, ou bien lorsque votre adversaire est sur le point de reculer, il est important de le neutraliser directement, sans le laisser souffler, en évitant de croiser son regard. Le plus important est de l'empêcher de pouvoir se restaurer. Réfléchissez-y bien.

Passage de la montagne à la mer

Passer de la montagne à la mer signifie qu'il est mauvais de répéter les mêmes choses au cours d'un même combat. Répéter deux fois la même chose est encore passable, mais jamais trois. Si vous ne réussissez pas une première fois un certain coup, alors même si vous le tentez une seconde fois son efficacité sera douteuse. Plutôt appliquez un coup inattendu, chaque fois d'une façon assez différente et si cela est inefficace tentez une autre tactique.

Si votre adversaire imagine la montagne, vous appliquez la technique de la mer et si votre adversaire pense à la mer vous appliquez la technique de la montagne, c'est là la Voie de la tactique. Réfléchissez-y bien.

Oter le fond

Oter le fond s'applique au cas suivant : à l'issue d'un combat, bien que pratiquement vous ayez enlevé la victoire grâce à votre technique efficace des arts martiaux, l'esprit combatif de votre adversaire n'est pas encore complètement mort. Donc il est vaincu superficiellement, mais pas encore au fond de son cœur. Dans ce cas, changez vite d'idées. Il faut déraciner la volonté combative de votre adversaire. Il est important que vous sachiez découvrir chez lui la destruction de toute trace d'esprit combatif.

Ainsi on doit ôter le fond soit par le sabre, soit par le corps, soit par l'esprit. Il n'y a aucune façon précise d'y parvenir. Dans le cas où votre adversaire s'est écroulé à fond, il est inutile de conserver en vous un esprit combatif. Dans le cas contraire vous devez le conserver. Si votre adversaire conserve encore un esprit combatif, il y a encore de la difficulté pour vous à le faire s'écrouler. Dans les tactiques, qu'elles soient de masse (bataille) ou individuelle, exercez-vous bien à « ôter le fond ».

Feu

Se rénover

Lorsque, au cours d'un combat qui reste à l'état de mêlée, rien n'avance plus, abandonnez vos idées premières, rénovez-vous en tout et prenez un nouveau rythme. Ainsi découvrez le chemin de la victoire. Chaque fois que vous jugez qu'entre votre adversaire et vous tout grince, changez d'intentions immédiatement et parvenez à la victoire en recherchant d'autres moyens avantageux pour vous.

Il est très important de savoir se rénover dans la tactique de masse (bataille). Ceux qui sont perspicaces dans la tactique peuvent juger facilement l'instant de cette rénovation. Réfléchissez-y bien.

Tête de rat et tête de bovin

Lorsque, au cours d'un combat, votre adversaire et vous-même vous attardez à des choses insignifiantes et que vous êtes mêlés l'un à l'autre, ayez en tête constamment le proverbe de la tactique « tête de rat et tête de bovin » et remplacez vos idées petites par des grandes comme si elles passaient d'une tête de rat à une de bovin. C'est un principe de la tactique.

Il est important que les samouraïs aient toujours en tête, même dans leur vie quotidienne, « tête de rat et tête de bovin ». Dans la tactique, qu'elle soit de masse (bataille) ou individuelle, n'oubliez pas cet esprit. Réfléchissez-y bien. (*Note du traducteur :* Musashi conseille d'avoir à la fois la finesse du rat et la lourdeur du bovin.)

Le général connaît ses soldats

Dans la bataille le général doit naturellement connaître ses soldats. Mais s'il acquiert une intelligence de la tactique, il est capable de prendre ses adversaires pour ses soldats. Il doit s'efforcer de tenter de les manœuvrer librement selon sa volonté. Alors il est général et ses adversaires seront ses soldats. Méditez bien là-dessus.

Lâcher la poignée

Lâcher la poignée peut avoir plusieurs significations. Il y a moyen d'obtenir la victoire sans sabre. Il y a aussi des cas où on ne peut parvenir à la victoire même avec un sabre. Je ne puis exposer toutes mes pensées en détail. Exercez-vous bien.

Le corps comme un rocher

Une fois que vous connaissez la Voie de la tactique, soyez comme un rocher. Soyez intouchable et immuable en toutes choses. L'explication ne peut en être que verbale.

J'ai exprimé plus haut ce à quoi j'ai pensé sans cesse

Feu

au cours des exercices d'escrime de notre école. C'est la première fois que j'écris tous ces avantages, c'est pourquoi ils sont exposés sans ordre et que chaque explication ne ressort pas clairement. Néanmoins ce livre sera une sorte d'index pour ceux qui voudront étudier cette Voie.

Depuis ma jeunesse je me suis consacré à la Voie de la tactique, j'ai discipliné mes mains, j'ai éduqué mon corps et étudié les différents aspects de l'esprit dans les arts martiaux en général et dans l'escrime en particulier. Or, lorsque je prête attention aux autres écoles, certaines ne consistent qu'en paroles, d'autres ne sont habiles qu'en petites techniques, d'autres encore ne s'occupent que de l'aspect extérieur. Aucune n'a d'esprit authentique.

Malgré ces idées qu'elles ont je pense qu'elles disciplinent malgré tout le corps et l'esprit. Cependant toutes deviennent des malades de la Voie qui ne pourront plus jamais se débarrasser de cette mauvaise influence première. Elles sont la source du pourrissement de la vraie Voie de la tactique et provoquent son déclin. L'escrime a pour but de nous mener à la vraie Voie et à la victoire dans le combat. Ce but est immuable. Si vous obtenez l'intelligence de la tactique de notre école et si vous pratiquez sans faillir, je ne doute pas que vous emporterez la victoire.

Le 12 mai de la seconde année de Shôho,
Shimmen Musashi,
à Monsieur Terao Magonojô.

V.

Vent

Dans la tactique il est important de connaître la voie des autres écoles. Ainsi j'expose dans ce chapitre du « Vent » les diverses pratiques des autres écoles.

Sans connaître les voies des autres écoles, on ne peut comprendre à coup sûr la nôtre. Lorsque j'observe ces tactiques des autres écoles, j'en vois qui utilisent le grand sabre et ne font appel exclusivement qu'à la force musculaire. D'autres ne se préoccupent que de la manœuvre du petit sabre. D'autres encore ne se préoccupent que des nombreuses techniques du sabre et divisent même la garde du sabre en superficielle et profonde.

J'expose clairement dans ce chapitre pourquoi elles ne sont pas la vraie Voie. J'y explique aussi ce qu'elles ont de bon et de mauvais, de correct et d'erroné vis-à-vis de la Voie. La vérité dans notre école est très différente de la leur. Les gens des autres écoles utilisent leur tactique pour gagner leur vie. Ainsi, ils donnent de l'éclat à leur apparence, enjolivent et commercialisent leur tactique et ils se trouvent complètement en dehors de la vraie Voie. Pour ces gens la tactique est bornée à l'escrime et ils pensent parvenir à la victoire uniquement par la seule manipulation du sabre, la discipline du corps et l'habileté manuelle, mais ce ne sont pas là des voies sûres. Je vais énumérer et expliquer séparément chacun des points faibles des autres écoles. Réfléchissez-y bien et comprenez bien les avantages de notre école « des deux sabres ».

Sur l'école qui préfère les sabres de grandes dimensions

Certaines écoles préfèrent des sabres de grandes dimensions, mais du point de vue de ma propre tactique je trouve que ces écoles sont faibles, parce que les tactiques de cette sorte ignorent la possibilité de parvenir à la victoire par n'importe quel moyen. Elles s'appuient sur la longueur du sabre et cherchent à obtenir la victoire à distance. C'est pourquoi elles préfèrent les sabres longs.

D'après un dicton : « un centimètre de longueur en plus, la main est déjà plus efficace ». Si on pense appliquer cela dans la tactique, c'est qu'on ignore celle-ci. Si l'on veut obtenir la victoire de loin, avec un sabre plus long, sans connaître les principes (avantages) de la tactique, ce n'est là qu'une faiblesse de l'esprit et je la considère comme une tactique faible. Lorsque l'on combat au corps à corps, plus long est le sabre, plus la difficulté est grande de porter des coups.

Les moulinets de sabre deviennent impossibles et le sabre lui-même devient encombrant. Ainsi, on est plus désavantagé que celui qui manie un petit sabre.

Ceux qui préfèrent les sabres longs ont leurs raisons mais elles ne sont que personnelles. Du point de vue de la Voie véritable du monde, leurs raisons ne reposent sur rien. Si l'on n'a pas un sabre long, pourquoi perdrait-on forcément avec un petit sabre ? Par exemple, dans le cas où vous ne disposez d'aucun espace libre au-dessus de vous, au-dessous de vous ni sur aucun côté, ou bien dans le cas où vous ne disposez que d'un petit sabre, si vous vous entêtez à préférer un sabre long, alors votre esprit s'égare au point de vue de la tactique et ce sont des idées mauvaises. Aussi, les gens doués de peu de force éprouvent des difficultés à manier un sabre long.

Un vieux proverbe dit : « Qui peut le plus peut le moins » et moi aussi je ne suis pas absolument contre la longueur. Seulement je rejette la pensée qui ne prend en considération exclusive que la longueur.

Dans la tactique de masse (bataille), le grand sabre long est comparable à une troupe importante tandis que le petit sabre peut être comparé à une petite troupe. Une petite troupe ne pourrait-elle pas combattre contre une troupe importante ? On retrouve plusieurs fois des exemples de petites troupes ayant vaincu des troupes importantes. Notre école rejette cette pensée unilatérale et étroite. Réfléchissez-y bien.

Ce que les autres écoles entendent par « sabre fort »

Les sabres ne peuvent être classés en sabres forts et en sabres faibles. Lorsque l'on porte un coup de sabre en obéissant à une volonté forte, ce coup est grossier et on ne peut parvenir à la victoire uniquement par lourdeur.

Aussi, si l'on s'obstine à vouloir pourfendre uniquement par la force un adversaire, on ne parvient pas, au contraire, à le pourfendre. Lorsque l'on s'essaie au sabre en coupant quelque chose, il est mauvais de couper avec force. Personne ne songe à mettre ou non de la force en ferraillant avec un adversaire. Lorsque l'on veut tuer quelqu'un en le pourfendant, on ne songe pas à le faire fortement ou faiblement. On ne songe uniquement qu'à parvenir à le tuer.

Ou bien si vous voulez porter un coup fort de votre sabre sur celui de votre adversaire, ce sera trop pour être bien et attirera un mauvais résultat. Si votre sabre heurte fortement le sabre de votre adversaire, le réflexe de votre sabre sera moins vif. Manier un sabre avec force est donc un non-sens. Dans la tactique de masse (bataille), si vous voulez avoir des gens forts dans votre troupe et obtenir la victoire par la force, votre ennemi aussi voudra avoir des gens forts dans sa troupe et obtenir la victoire par la force tout comme vous. Les choses seront identiques des deux côtés. En toutes choses on ne peut obtenir de victoire sans obéir à la raison.

Dans notre école nous ne pensons rien de déraisonnable. Nous essayons d'enlever la victoire par tous les moyens grâce à l'intelligence de la tactique. Méditez bien là-dessus.

Utilisation du sabre court d'autres écoles

Si l'on pense parvenir à la victoire uniquement à l'aide d'un sabre court, ce n'est pas la Voie véritable. Depuis les temps anciens jusqu'à aujourd'hui on a toujours dit « sabre et petit sabre » afin de distinguer le sabre long du sabre court.

Un homme physiquement puissant peut manier avec facilité un sabre même très grand et par là donc personne n'est obligé de préférer un sabre court. Si l'on veut utiliser les avantages de la longueur on peut tout aussi bien prendre une lance ou une hallebarde. Si on a l'intention, avec un sabre court, de pourfendre, de bondir en s'approchant, ou bien de s'emparer d'un adversaire en saisissant l'occasion d'un intervalle dans les mouvements de son sabre, cela est mauvais parce qu'unilatéral.

Si l'on est tout occupé à guetter l'occasion d'un intervalle chez l'adversaire, toutes nos actions viendront après coup. Ainsi on agira d'une façon désordonnée, ce qu'il faut éviter. Aussi, essayer de pénétrer dans les rangs ennemis et tenter de s'emparer d'eux à l'aide d'un sabre court est totalement inutile avec des adversaires en nombre.

Ceux qui ont l'habitude d'un sabre court, même

s'ils ont l'intention de porter plusieurs coups à de nombreux adversaires, de voler librement d'un adversaire à l'autre et de ferrailler en tous sens, tout cela n'est que sabre passif. Le combat devient embrouillé et l'issue n'en est pas certaine. Si possible, rester fort et droit, pourchasser les adversaires, les faire voltiger çà et là, faire naître en eux la précipitation et trouver le chemin qui mènera à la victoire à coup sûr.

Pour la tactique de masse (bataille) c'est le même principe. Si possible, attaquer brusquement avec une troupe nombreuse et écraser les ennemis d'un seul coup. C'est là l'essence de la tactique. Si, dans le monde en général, pour faire quelque chose les gens ne se préoccupent que de parer les coups, de les éviter, d'y échapper, de plonger pour se garer, ils seront toujours victimes de ces habitudes et seront toujours tiraillés par autrui. La Voie de la tactique est droite et juste. Il est donc essentiel de pourchasser les adversaires et de les dominer en obéissant à des principes véritables. Réfléchissez-y bien.

Autres écoles du sabre aux techniques variées

Dans d'autres écoles on enseigne des techniques variées de maniement du sabre. Elles commercialisent la Voie et le font certainement dans le but de faire croire aux débutants qu'elles connaissent un grand nombre de techniques du sabre. C'est contraire à la tactique.

Tout cela parce qu'elles pensent qu'il y a plusieurs façons de pourfendre quelqu'un. C'est là leur erreur. Il n'y a pas 36 façons de pourfendre un homme. Il n'y a pas plusieurs manières de porter un coup, de frapper et de trancher qu'il s'agisse d'un spécialiste ou non, d'une femme ou d'un enfant. Si l'on veut en chercher d'autres, il n'y a qu'à porter une botte ou faucher. Tout se résume à vouloir couper l'adversaire, donc il est tout naturel qu'il y ait peu de façons de le faire.

Cependant selon le lieu et les circonstances, par exemple dans un endroit où vous ne disposez d'aucune place au-dessus de vous ou sur le côté, il faut que vous teniez votre sabre de telle façon qu'il ne soit pas gêné. En ce cas on pourrait dire qu'il y a cinq façons de tenir un sabre.

En dehors de ces façons, si l'on veut s'étendre encore plus et aborder la question de fendre les gens à l'aide de quelque artifice, par exemple par un tour de poignet ou en tordant notre corps, ou bien à l'aide de grands bonds, tout cela n'est pas la Voie véritable. On ne peut pourfendre des gens à l'aide d'un tour de poignet ou en tordant notre corps, au contraire, cela est inutile.

Dans la tactique de notre école, il faut garder le corps et l'esprit tout droit, mais faire biaiser et dévier l'adversaire. Puis il est important d'enlever la victoire en découvrant le moment où l'esprit de l'adversaire biaise et dévie. Réfléchissez-y bien.

Préoccupation de la garde du sabre dans les autres écoles

Se préoccuper trop de la garde du sabre est une grave erreur, car se figer dans des règles de garde du sabre n'est applicable que lorsque l'on ne se trouve pas face à un adversaire. Etablir des règles parce que c'est la coutume depuis l'antiquité ou parce que c'est la mode aujourd'hui, n'a aucune valeur sur le chemin de la victoire ou de la perte. En bref ce chemin consiste essentiellement à réfléchir à tout ce qui peut nuire à l'adversaire.

En toutes choses, garde signifie immobilité. Dans le langage courant, lorsqu'il est question de garder un château ou de garder une place, le mot « garder » signifie que l'on demeure fortement immobile malgré les attaques de l'ennemi. Tandis que dans la Voie de la tactique, de la victoire ou de la perte, tout revient à essayer de prendre l'initiative, l'initiative à chaque pas. L'esprit de garde est un esprit d'attente de l'initiative de l'adversaire. Méditez bien là-dessus.

La Voie de la tactique et de la victoire ou de la perte consiste à provoquer une émotion chez l'adversaire en garde, agir d'une façon inattendue de lui, provoquer une certaine précipitation chez lui, lui faire monter la moutarde au nez, l'effrayer et enlever la victoire en utilisant son rythme perturbé. Donc il faut rejeter la pensée arrivée après coup qui existe dans la garde. En conséquence notre école recommande d'être sur ses gardes mais sans garde.

Dans la tactique de masse (bataille), il faut savoir dénombrer les ennemis, reconnaître le terrain du champ de bataille, connaître l'état et le nombre de ses propres soldats, organiser ses troupes selon les qualités de chacun. Ainsi on peut entamer un combat. C'est là le principe de la bataille. Le cas où je suis attaqué par un adversaire obéissant à son initiative et le cas où je l'attaque en obéissant à mon initiative sont doublement différents. Si l'on se préoccupe de se bien mettre en garde avec un sabre et de bien intercepter le sabre adverse, ou d'en cingler la lame, étant donné que l'on n'a pas l'initiative, tout cela équivaut à fabriquer une haie de lances et de hallebardes. En revanche si l'on passe à l'assaut en prenant l'initiative on pourrait utiliser même des haies aussi efficacement que des lances et des hallebardes. Réfléchissez-y bien.

Les yeux fixés selon d'autres écoles

D'autres écoles conseillent de tenir les yeux fixés. Les unes conseillent de les fixer sur le sabre adverse, d'autres de les fixer sur les mains adverses, d'autres encore de les fixer sur le visage ou bien les pieds adverses. Si l'on fixe spécialement ainsi les yeux, l'esprit s'égarera et cela deviendra une maladie dans la tactique.

Je m'explique : bien qu'un joueur de balle n'ait pas les yeux obstinément fixés sur sa balle, il peut néanmoins shooter tout près de son chignon, poursuivre la balle, shooter en rond. Fixer les yeux est inutile pour lui parce qu'il est accoutumé. Aussi, les acrobates habitués à leurs numéros peuvent porter une porte sur le bout de leur nez, jongler avec plusieurs sabres à la fois. Tous n'ont pas les yeux fixés sur les objets qu'ils traitent car leurs mains y sont habituées et exercées tout au long des jours. Ils les voient sans les regarder.

Dans la Voie de la tactique aussi, si l'on parvient à s'accoutumer à combattre face à un adversaire, à saisir la finesse ou la balourdise d'un esprit humain et si l'on peut pratiquer la Voie de la tactique, alors on parvient à tout voir, éloignement ou rapprochement, lenteur ou rapidité d'un sabre. Les yeux fixés, dans la tactique, sont pour ainsi dire des yeux fixés sur les pensées adverses.

Dans la tactique de masse (bataille), il faut avoir les yeux fixés sur les capacités de la troupe ennemie. Dans le chapitre de l' « Eau » j'ai distingué « voir » et « regarder ». Ici, voir est plus important que regarder. Il faut voir l'esprit des ennemis, voir l'ambiance, avoir les yeux fixés vastement, voir le processus de combat et voir la force et la faiblesse de chaque instant. Il est important d'obtenir ainsi la victoire.

Dans la tactique, qu'elle soit de masse (bataille) ou individuelle, il ne faut jamais avoir les yeux fixés étroitement. Comme je l'ai dit plus haut, si l'on a les yeux fixés étroitement et avec des œillères, on oublie les choses les plus importantes, des égarements apparaissent dans l'esprit et on laisse échapper une victoire certaine. Réfléchissez bien à ces vérités et exercez-vous bien.

*La façon de tenir ses pieds
dans d'autres écoles*

Certaines écoles appellent les différentes façons de tenir les pieds : pieds flottants, pieds bondissants, pieds sautants, pieds foulants et pieds « corbeaux »[1]. Tous ces qualificatifs s'appliquent à des pieds aux mouvements rapides, mais au point de vue tactique de mon école tous sont insuffisants.

Nous rejetons les pieds flottants, car une fois sur le terrain du combat, tout le monde a tendance à avoir les pieds flottants. Donc, il vaut mieux avoir les pieds sûrs.

Aussi nous n'aimons pas les pieds bondissants, car ceux qui ont les pieds bondissants en prennent l'habitude et s'y attachent. Il n'y a aucune raison de bondir plusieurs fois, donc les pieds bondissants sont mauvais.

Au sujet des pieds sautants, si l'on est préoccupé de sauter, le combat ne pourra être décisif.

Quant aux pieds foulants, ils sont appelés aussi « pieds d'attente », ce qui est à rejeter entre tout.

De plus, en dehors de ceux-là, il y a les pieds

---

1. *Pieds « corbeaux ».* — Le pied le plus habile (?). Le commentateur des éditions Iwanami n'est pas certain quant à l'interprétation exacte à donner à cette expression. Un dictionnaire explique : vol « corbeaux », c'est-à-dire voler de côté comme des corbeaux. Y aurait-il analogie ?

Vent

« corbeaux » et toutes sortes de mouvements rapides de pieds.

Selon les circonstances, il nous faut combattre nos adversaires soit dans des mares, des marais, des montagnes, des vallées, des champs pierreux, des sentiers, etc., donc selon les lieux il est impossible de bondir ou de sauter, impossible d'utiliser des mouvements rapides de pieds.

Dans la tactique de notre école, les mouvements de pieds n'ont rien de différent des mouvements ordinaires. Ils sont comme la marche sur un chemin ordinaire. Selon le rythme de l'adversaire, les pieds doivent correspondre aux mouvements du corps, soit dans les moments mouvementés soit dans les moments de tranquillité. Ni trop ni trop peu, les pieds ne doivent être agités.

Dans la tactique de masse (bataille) aussi, ce mouvement des pieds est important, car si l'on passe à l'assaut trop tôt sans connaître l'esprit de l'adversaire, le rythme devient contrariant et l'on ne peut parvenir à la victoire. Mais, si le pas d'assaut est lent, on ne peut découvrir le moment de confusion et d'effondrement de l'ennemi, on laisse échapper la victoire et l'on ne peut parvenir à une issue rapide qu'elle soit victoire ou perte. Il est important de savoir discerner l'occasion de confusion et d'effondrement de l'ennemi et de provoquer notre victoire en empêchant tout redressement chez lui. Exercez-vous bien.

*Préférence pour la rapidité
dans d'autres écoles de la tactique*

La préférence pour la rapidité dans la tactique n'est pas la vraie Voie. En toutes choses, tant que l'on n'est pas en harmonie avec les rythmes, on tergiverse sur rapidité ou lenteur. Lorsque l'on est devenu expert dans toutes les voies, on ne semble pas rapide aux regards des autres. Par exemple, on appelle « bons marcheurs » ceux qui peuvent parcourir 160 à 200 km par jour, mais cela ne veut pas dire qu'ils courent vite du matin au soir.

Bien que les non-experts aient l'air de courir toute la journée, leur rendement n'est pas grand. Je prendrai pour exemple les chœurs accompagnant des danseurs : si un non-expert chante en suivant le chant d'un expert, il craint sans cesse un retard de sa part et il sera sous tension. Lorsque l'on tambourine l'air des « Vieux Pins » si l'on est non-expert, bien que cet air soit très tranquille, on est sans cesse inquiet de savoir si l'on est en mesure. « Takasago[1] » est un chant au rythme rapide, mais il est mauvais de le rythmer avec précipitation. Un proverbe dit : « Ceux qui vont trop vite tombent. » Aller trop vite fait perdre le rythme. Naturellement le retard est mauvais aussi.

L'action d'un expert semble lente, mais il ne s'écarte jamais du rythme. Pour n'importe quoi, ce

---

1. Takasago. — L'air des « Deux Pins » qui vieillissent ensemble... est souvent chanté au cours des cérémonies de mariage.

qui est fait selon une habitude ne semble pas rapide. Avec ces exemples, connaissez bien les vérités de la Voie.

La précipitation est nuisible surtout dans la Voie de la tactique. En voici les raisons : selon le lieu : une mare, un marais, etc., il est impossible de mouvoir corps et jambes avec rapidité. Quant au sabre il est inutile qu'il tranche vite. Le sabre n'est pas comme un éventail ou un couteau. Si l'on veut trancher vite alors le sabre ne tranche pas du tout. Sachez bien discerner tout cela.

Dans la tactique de masse (bataille) aussi, l'esprit de précipitation, de hâte est mauvais. L'idée de « presser l'oreiller de l'adversaire » n'arrive pas du tout en retard.

Lorsque quelqu'un se précipite pour rien il vaut mieux le contrarier, rester tranquille et ne pas s'occuper de lui. Il faut bien s'exercer dans cet état d'esprit.

*Au sujet de ce que d'autres écoles entendent
par profondeur et superficialité*

Au sujet de la tactique que pourrait-on qualifier de profond ? Que pourrait-on qualifier de superficiel ? Selon l'art ou le cas on dit « principe ultime » ou « transmission secrète » et il existe une profondeur inconnue du débutant. Mais en ce qui concerne les principes au moment d'échange de coups avec un adversaire, il est inutile de dire que l'on combat en superficiel ou que l'on tranche avec profondeur.

Dans la tactique de notre école, les principes enseignés sont les suivants : à ceux qui apprennent pour la première fois la Voie, nous enseignons les techniques qui sont à leur portée et en premier les principes qu'ils peuvent comprendre vite. Puis nous découvrons le moment où leur esprit s'ouvre et ils atteignent ce qui n'était pas à leur portée à l'origine. Par nos enseignements ultérieurs ils avanceront de plus en plus vers des vérités plus profondes. Mais en général nous les faisons étudier à l'aide d'exemples pratiques et ainsi nous ne parlons ni de profondeur ni de début.

Prenons l'exemple d'une région montagnarde, si l'on veut s'y enfoncer plus profondément, on se retrouve dans la même situation qu'au début. Dans toutes les voies, il y a des cas où la profondeur est valable et d'autres cas où l'état de début convient bien. Au sujet des principes des combats, que cacherais-je ? Et qu'exprimerais-je ?

En conséquence, pour transmettre ma Voie, je n'ai pas besoin de serment écrit, de règle de discipline. Enseigner une Voie droite en sondant l'intelligence de l'étudiant de cette Voie, faire disparaître les défauts de cinq ou six écoles de tactique, introduire l'étudiant tout naturellement dans la Voie réelle de la Loi des samouraïs et lui donner un esprit sans doute, c'est là la Voie de l'enseignement de notre tactique. Exercez-vous bien.

Je viens d'exposer les grandes lignes des tactiques des autres écoles, dans ce chapitre du « Vent », en les classant en neuf cas. J'aurais dû exposer en détail le

Vent

caractère de chaque école, depuis ce qu'elles ont de plus simple jusqu'à ce qu'elles ont de plus profond, mais c'est avec intention que je n'ai pas indiqué le nom de ces écoles ni celui de leurs techniques essentielles.

J'ai agi ainsi car les jugements portés par chaque école et les théories propres à chaque Voie sont au libre arbitre de chacun selon sa mentalité. De plus, l'interprétation de chacun est différente dans une même école. Ainsi en pensant au futur je n'ai pas osé nommer telle école ou telle lignée.

C'est pourquoi j'ai séparé les grandes lignes des autres écoles en neuf cas : préférence exclusive pour le sabre long, préférence pour le sabre court, ne se préoccuper que de la force ou de la faiblesse et ne voir que lourdeur ou finesse. Mais au point de vue de la Voie véritable du monde et de l'humanité tout cela n'est que voie unilatérale. Même si je n'ai pas avancé de la partie la plus simple à la partie la plus profonde des autres écoles on comprendra malgré tout. Dans notre école il n'y a pas distinction entre profondeur et début pour un sabre. Il n'y a pas de borne pour la garde. Atteindre à la vertu par l'esprit c'est là l'essence de la tactique.

Le 12 mai de la seconde année de Shôho,
Shimmen Musashi,
à Monsieur Terao Magonojô.

VI.

Vide

J'expose ici la Voie de la tactique de notre école « des deux sabres » en un chapitre intitulé « Vide ». On entend par « vide » l'anéantissement des choses et le domaine de l'inconnu.

Naturellement le « vide » est néant. Par la connaissance des êtres, on connaît le néant, c'est là le « vide ».

En général l'idée que l'on a sur le « vide » est fausse. Lorsque l'on ne comprend pas quelque chose on le considère comme « vide » de sens pour soi, mais ce n'est pas un vrai « vide ». Tout cela n'est qu'égarement.

Dans la Voie de la tactique, si les samouraïs ne connaissent pas leur Loi pour poursuivre leur Voie, ils ne sont pas « vides ». Ils appellent « vide » ce qui est du domaine de l'impasse sous l'effet d'égarements successifs, mais ce n'est pas le vrai « vide ».

Les samouraïs doivent apprendre avec certitude la Voie de la tactique, avoir la maîtrise des autres arts martiaux, n'avoir plus aucun point obscur sur la Voie qu'ils doivent pratiquer, n'avoir plus aucun égarement

Vide

d'esprit, ne jamais se relâcher à aucun moment, depuis le matin. Polir ces deux vertus : sagesse et volonté, aiguiser les deux fonctions de leurs yeux : voir et regarder, et ainsi n'avoir aucune ombre. Alors, les nuages de l'égarement se dissiperont, c'est là le vrai « Vide ».

Tant que l'on ne connaît pas la Voie véritable, chacun croit avancer sur le bon chemin et se croit dans le vrai sans s'appuyer sur les lois du Bouddha ni les lois de la terre. Mais lorsque nous les regardons avec les yeux de la Voie véritable de l'esprit et selon les grandes règles du monde humain, on les voit trahir la Voie véritable à cause de leur propre égoïsme et de leur mauvaise vue. Connaissez l'Esprit ! Reposez-vous sur le domaine franchement juste ! Faites de l'Esprit réel la Voie ! Pratiquez largement la tactique ! Ne songez qu'à la justice, à la clarté et à la grandeur ! Faites du vide la Voie ! Et considérez la Voie comme « vide » !

Dans le « Vide » il y a le bien et non le mal. L'intelligence est « être ». Les principes (avantages) sont « être ». Les voies sont « être ». Mais l'esprit est « Vide ».

Le 12 mai de la seconde année de Shôho,
Shimmen Musashi,
à Monsieur Terao Magonojô.

ÉPILOGUE
par Masumi Shibata

I.

Noyau de la spiritualité japonaise

Reportons-nous au dernier chapitre intitulé « Vide ». Surtout le dernier paragraphe :

« Dans le « Vide » il y a le bien et non le mal. L'intelligence est « être ». Les principes (avantages) sont « être ». Les voies sont « être ». Mais l'esprit est « Vide ». »

Mériterait d'être appris « par cœur ». Il exprime le « but » de Miyamoto Musashi. Ce paragraphe placé en parallèle avec les « Dialogues dans le Rêve » et le « Kojiki », constitue en quelque sorte le noyau de ces trois textes dans la spiritualité japonaise. En fait, le « Kojiki », les « Dialogues dans le Rêve » et le « Traité des Cinq Roues » forment une sorte de gisement fécondant inépuisable de la chaîne de montagnes que constitue la spiritualité japonaise.

Dans ce paragraphe, Musashi a su condenser en un mot : « être », les voies de développement et de perfectionnement de l'intelligence, la poursuite des avantages que tout le texte du « Traité des Cinq Roues » nous explique. Mais l'esprit qui meut cet

« être » est « Vide ». Lorsque : « Les nuages de l'égarement se dissiperont », après s'être exercé assidûment à ce que recommandent le « Traité des Cinq Roues », on parvient au « Vide ». Par conséquent : « Dans le « Vide » il y a le bien et non le mal. » En tant que canon de l'escrime et des samouraïs, le « Traité des Cinq Roues » a un côté idéaliste. Le « Vide » s'allie bien aux exercices permettant de franchir les degrés conduisant à l'idéalisme.

De ce point de vue, les nuances du « Traité des Cinq Roues » sont différentes de celles des « Dialogues dans le Rêve » bien que ceux-ci soient également basés sur la philosophie du « Vide » en tant que texte de bouddhisme Zen. Les « Dialogues dans le Rêve » ont su aussi, à la fin, se condenser en un paragraphe :

« Silla ! Le soleil est clair à minuit ! »

Silla était l'un des Trois Royaumes de l'ancienne Corée. Pour les Japonais de l'ancien Japon, ce mot qualifiait des régions lointaines et inconnues. Un peu comme si de nos jours nous voulions désigner quelque lointaine galaxie. Donc, cette exclamation a pour but efficace d'amener la psychologie du demandeur à une transcendance lointaine. Elle exprime nettement la coupure entre en deçà et au-delà. En tant que livre religieux du Moyen Age, il est naturel que les « Dialogues dans le Rêve » aient tendance à renier ce monde pour viser l'au-delà. Une des idées fondamentales des « Dialogues dans le Rêve » est l'abandon des idées de réputation et de profit. Mais le « Traité des Cinq Roues », livre des Temps Modernes, prône les avantages (profits) et les donne en « principes » ;

Épilogue

l'homme doit faire coïncider ses actes avec les « profits ». « Etre » dans le « Traité des Cinq Roues » coïncide avec « minuit » des « Dialogues dans le Rêve » et « Vide » du premier texte coïncide avec « soleil » du second. En tant que livre religieux, les « Dialogues dans le Rêve » insistent sur transcendance et bondissement. Donc, le premier mot de la phrase : « Silla » pèse lourd sur la phrase. Selon le Zen, la « via negativa » est le premier point selon sa devise qui est de ne penser ni au bien ni au mal. Cela est différent du « Traité des Cinq Roues » qui nous dit que tout d'abord : « Dans le « Vide », il y a le bien et non le mal. » Le « Traité des Cinq Roues » est idéaliste. Mais les deux textes sont basés sur l'identité contradictoire entre « minuit » et « soleil », entre « être » et « Vide ».

Le « but » du « Kojiki » est de fixer la mythologie se rapportant à la « Grotte Céleste » (voir « Kojiki », pages 83 et 85). On peut l'interpréter de plusieurs façons : cérémonie funéraire, procédé antique pour faire apparaître le soleil en temps d'éclipse, redonner de la force au soleil au moment du solstice d'hiver et, enfin, rite destiné à calmer, secouer, agiter ou à consolider l'âme...

Mais, quant à nous, notre interprétation est la suivante : nous plaçons sur une même ligne le « Vide » atteint par le « Traité des Cinq Roues », « Le soleil est clair à minuit » selon Muso et cette mythologie de la « Grotte Céleste » du « Kojiki ». Nous pensons que tous trois expriment une même vérité. En tant que mythologie antique la scène de la « Grotte

Céleste » a un aspect grandiose. Elle exprime non seulement la vérité : « Le soleil est clair à minuit », mais évoque des faits se rattachant au miroir face à Grande-Auguste-Kami-Illuminant-du-Ciel en faisant ressortir l'unification entre sujet et objet, point sur lequel le Zen insiste tant. De même, dans son chapitre intitulé : « Feu », Miyamoto Musashi nous dit : « Devenez votre adversaire. » De plus, dans la scène mythologique de la « Grotte Céleste » se mêlent pornographie, rire et comédie. Le moyen de parvenir à la Vérité est la magie et ceux qui y portent entrave ont : « la barbe coupée, les ongles arrachés des mains et des pieds, et sont exilés ». Grâce à ces règles strictes l'unification de la société primitive était renforcée N'oublions pas que lorsque Grande-Auguste-Kami Illuminant-du-Ciel sortit de la sombre grotte on tendit derrière elle le Cordon Sacré afin qu'elle n'y retourne pas. Le « Kojiki » (shintoïsme) considère les ténèbres et la mort comme des souillures répugnantes qu'il faut rejeter. Tandis que dans le bouddhisme : « Le soleil est clair à minuit », on voit la vie dans les ténèbres et la mort. Les ténèbres elles-mêmes brillent et la lumière elle-même est souillée comme un lac.

Ainsi, on peut arriver à la même Vérité et au noyau de la spiritualité japonaise au moyen de la magie, du Za-Zen ou de l'escrime. Naturellement chacun a ses mérites et ses défauts. La magie pénètre largement le commun du peuple primitif et dans la Société primitive elle renforce l'unification sociale mais son défaut est de tomber dans des superstitions telles que des prières pour apporter la pluie. Tandis que dans le Za-

Épilogue

Zen il n'y a aucun danger de tomber dans la superstition, mais il n'est accessible qu'à quelques hommes et ne s'adresse pas à de grandes masses. Le Bushido renforce l'unification sociale et n'a aucun danger de tomber dans des superstitions, mais il est limité à une époque de l'histoire

II.

L'époque de Miyamoto Musashi et les Européens

L'époque où Miyamoto Musashi vivait (1584-1645) représente un des grands points tournants de l'histoire du Japon. Schématisons : premiers contacts des Japonais avec les Européens ; expansion japonaise sur le Sud-Est asiatique ; repli japonais selon une politique de fermeture du pays — sont les points importants de cette époque.

La découverte du Nouveau Monde par Christophe Colomb date de 1492 et le premier contact des Européens avec les Japonais eut lieu un demi-siècle plus tard. Le nom du Japon « Jipang » apparaît dans l'œuvre de Marco Polo : « Le Livre des Merveilles », datant de la fin du XIIIe siècle. Dans son texte Marco Polo rapporte ce qu'il avait *entendu* sur le Japon : un pays légendaire dûment pourvu en or. Mais depuis, et pendant 250 ans, aucun Européen ne navigua auprès du Japon ni ne foula son sol.

Les premiers Européens qui arrivèrent au Japon furent des Portugais (1543). Plusieurs documents historiques japonais, portugais, espagnols, chinois

Épilogue 151

relatent cet événement. Mais les historiens japonais considèrent que « Les Récits sur les Fusils (Teppô) » écrits par un moine Zen, Nampo Bunshi en 1606, c'est-à-dire 63 ans après cet événement, sont les plus justes. Nampo Bunshi dédia son récit au seigneur de l'île Tanegashima, au sud du Kyushu, où les Portugais avaient débarqué. Entre autres, il dit :

« Le 23 septembre 1543 (selon le calendrier solaire), un grand bateau étrange échouait dans une crique étroite de l'île Tanegashima. Des centaines de marins étaient à bord. Jamais nous n'avions vu des visages comme ceux de ces marins. Aucune communication n'était possible avec eux. Heureusement, des Chinois des Ming étaient à bord et aussi le chef de notre village savait lire et écrire. Ainsi, ils écrivirent sur le sable de la plage à l'aide de cannes. Et alors, nous avons su qu'ils étaient des commerçants barbares de l'Ouest et du Sud, obéissant à une hiérarchie mais ne connaissant pas la politesse, n'utilisant pas de baguettes pour manger mais mangeant avec les mains.

« Le seigneur de l'île, Tanegashima Tokitaka, apprit la nouvelle et fit guider le grand bateau par des dizaines de barques. Juste à ce moment-là, un moine bouddhiste du Kyushu se trouvait là. Il communiqua avec ces Chinois des Ming par l'écriture et sut ainsi les noms des chefs.

« A ce moment-là les insulaires aperçurent une chose longue, bizarre, qu'ils portaient à la main. C'était droit et vide à l'intérieur et une des extrémités était pleine. C'étaient des fusils (Teppô). Pour les essayer on posa une cible blanche à terre. On plaça une balle ronde de plomb, on visa, puis tira. La cible fut immédiatement atteinte. Le feu sortit comme une étincelle et le bruit était aussi fort que le tonnerre, à se boucher les oreilles. L'effroi était tel qu'on en avait la bile remuée. Rien de tout ce que nous connaissions jusque-là ne pouvait être comparé à cela.

« Le seigneur de l'île en fut stupéfait. Il en acheta sans s'occuper du prix. Il ordonna à ses sujets d'apprendre à fabriquer la poudre, la façon de l'utiliser. Lui-même, du matin au soir, s'exerça au tir et il parvint à faire mouche à tous les coups. L'année suivante, un bateau portugais parvenait à l'île. Le seigneur apprit qu'un fabricant de fusils était à bord. Il lui demanda d'apprendre à ses sujets les techniques de fabrication. C'est ainsi que commença chez nous la fabrication des fusils. »

L'île de Tanegashima est sauvage, située à l'extrémité sud du Japon et donc très éloignée des centres. Ses habitants n'avaient jamais vu d'armes à feu et il était naturel qu'ils aient vu pour la première fois des fusils. Mais les « Teppô » existaient déjà.

Lorsque l'on regarde les peintures japonaises représentant des scènes de l'invasion mongole de 1274, on aperçoit des éclats d'armes à feu et on peut lire aussi, au-dessus de ces éclats, l'inscription : « Tetsu-hô » (tetsu = fer, hô = canon, teppô est un dérivé du mot tetsuhô). Le « Tetsu-hô » est constitué d'un petit réservoir métallique contenant la poudre qu'on lance à l'aide d'une corde. C'était en quelque sorte une grenade primitive. Les Mongols l'appelaient « Tonnerre faisant trembler le ciel ». Il semble que les

Épilogue

Mongols aient utilisé pour la première fois cette arme en attaquant le Japon. Ajoutons d'ailleurs que leur but était d'utiliser des soldats japonais pour des invasions futures du Sud-Est asiatique.

Arima Seiho, spécialiste de l'histoire des armes à feu de l'Extrême-Orient, prétend avec preuves à l'appui que les Chinois ont découvert le salpêtre à l'époque des Han et à l'époque des T'ang ils mettaient au point la fabrication de la poudre qu'ils utilisaient pour les feux d'artifice. A l'époque du règne de l'empereur T'ai Tsou des Song (qui régna de 960-976) apparurent les premières armes à feu : flèches avec poudre, boulets de canon, sorte de « bazooka » en bambou. A la fin des Yuan et au début des Ming les armes à feu connurent un nouveau développement. En 1355, le spécialiste Tsiao Yu fabriqua une sorte de petit fusil de bronze et l'offrit à l'empereur T'ai Tsou (Tchou Yuantchang) des Ming. Lorsque l'empereur vit l'objet, plein de joie il dit : « Avec ça, je pourrai unifier la Chine aussi facilement que je retourne ma main. Si j'y parviens je te ferai grand seigneur. » Un petit fusil de bronze portant inscrite la date de 1372 existe encore aujourd'hui. Sa bouche a un calibre de 20 mm et il est long de 44 cm. Cette arme fut fabriquée en série au début du XVe siècle. Le secret de fabrication étant jalousement gardé, son expansion ne fut pas rapide. Cette sorte de fusil était déjà transmise en Corée en 1356. A cette époque la Corée souffrait des invasions de pirates japonais et les Coréens étaient très satisfaits de l'effet de ces armes contre ces malfaiteurs venus du Japon. Au Japon, M. Yoshioka Shin'ichi, résidant à

Kyoto possède un exemplaire de ces fusils chinois, le plus ancien conservé au Japon. Il porte inscrit la date de 1377.

L'historien Naganuma Kenkai prouve à l'aide de documents coréens et japonais que, au XVe siècle, les Japonais connaissaient ces petits fusils de bronze. L'« Histoire de cinq Générations de Hôjô » nous dit : « Le Teppô est arrivé en 1510 de Chine et on le fabrique à Sakai. » Ce Teppô est justement un petit fusil de bronze et Sakai était à cette époque la plus grande ville industrielle du Japon. Aussi, le « Miroir militaire de la Province Kaï-Sud » raconte la bataille (1548) qui se déroula au champ Uedahara entre Takeda Harunobu et Murakami Yoshikiyo. On décrit la façon d'utiliser le Teppô en détail : nombre de soldats qui en avaient, nombre de balles dont chacun disposait et comment les soldats munis de Teppô manœuvraient au milieu des archers et des sabreurs. Ainsi l'historien Hayashiya Tatsusaburô tire la conclusion : « Ce petit fusil de bronze est antérieur et désuet par rapport au fusil moderne des Portugais arrivés à l'île de Tanegashima et visait bien plus mal. Donc, les seigneurs Hôjô et Takeda qui possédaient des terres à l'est du Japon, qui connaissaient ce petit fusil de bronze, s'intéressèrent moins aux fusils portugais modernes de Tanegashima et ce fut l'une des raisons de leur déclin. »

L'introduction du christianisme au Japon succéda à celle du fusil par les Portugais. Ce fut aussi un grand événement dans l'histoire du Japon. Le 15 août 1549, une jonque chinoise pénétrait dans la baie de Kagos-

Épilogue

hima, au sud du Kyushu. Elle était partie de Malacca. Trois Européens vêtus bizarrement, comme jamais des Japonais n'en avaient vu, et trois guides japonais débarquèrent de la jonque. L'un était François Xavier, noble espagnol qui avait rencontré les trois guides japonais à Malacca. Il y avait quinze ans jour pour jour qu'il avait juré à Montmartre avec Ignace de Loyola et cinq autres compagnons : « de répandre le christianisme dans le monde entier ». En 1540 leur groupe fut consacré par le Pape et ils furent appelés « jésuites ».

François Xavier séjourna deux ans et trois mois au Japon. Ses efforts furent si intenses que ses cheveux devinrent tous blancs, mais il obtint peu de résultat. Il réussit à convertir un millier de croyants dans l'ouest du Japon. Jadis, dans la région de Travancore en Inde, il avait baptisé dix mille personnes en un mois et en comparaison, son résultat au Japon était très faible. Les lettres qu'il adressa à ses frères en religion à Goa en Inde renferment ses précieuses premières impressions sur le Japon. Célèbres furent ses paroles : « Parmi les races non chrétiennes, sans doute, celle-ci est la meilleure » ; « La volonté d'apprendre est très grande chez les Japonais. Il faut donc envoyer des missionnaires suffisamment éloquents et intelligents pour convaincre à l'aide de débats avec des lettrés japonais et surtout des bonzes japonais. » Il remarqua bien que les seigneurs de l'ouest du Japon montraient beaucoup de zèle pour l'expansion du commerce avec les pays étrangers. Il conclut : « Il faut envoyer des navires de commerce depuis Goa via Malacca, fonder des comptoirs commerciaux dans les ports japonais et demander aux missionnaires de s'occuper des marchandises. Ainsi, nous aurons de gros intérêts. » Ses idées étaient très clairvoyantes dans la prévision du futur.

Une fois que la nouvelle de la découverte de l'archipel du Japon se répandit parmi les colons portugais de l'Asie du Sud, le retentissement fut très grand. Ils vinrent au Japon à bord de navires jaugeant de 600 à 1 000 tonnes qu'ils avaient construits ou bien à bord de jonques chinoises et établirent un très bon commerce. Ils échangeaient de la soie brute produite en Chine contre de l'argent (métal) japonais. La soie brute chinoise était le produit le plus recherché au Japon, donc les Portugais pouvaient en tirer un bénéfice net allant de 30 à 60 %. On dit qu'à cette époque en Chine, le prix de la soie brute augmenta de quatre fois en huit jours. En ce temps-là les côtes chinoises subissaient les incursions des pirates japonais et le gouvernement chinois des Ming n'avait pas les moyens de les détruire. Le commerce sino-japonais avait donc été interrompu. C'est ainsi que les Portugais en profitèrent et deux ports apparurent sur la scène du commerce international : Macao, cédé à bail aux Portugais en 1557 et Nagasaki au Japon. En 1590 la population de Nagasaki était de 5 000 habitants, mais pendant les mois où les navires portugais en provenance de Macao se trouvaient dans le port, la population de la ville était plus importante avec les commerçants venus des autres régions du Japon. Les navires portugais arrivaient en général en juillet à

Épilogue

Nagasaki et en repartaient en février ou mars, car les vents les y contraignaient et cela convenait à la manipulation des marchandises. Ainsi, les navires portugais demeuraient 8 à 9 mois à Nagasaki. En 1611, la population de Nagasaki s'élevait à 15 000 habitants.

Le rapport de la Compagnie de Jésus, daté de 1581 nous apprend que : « le nombre des chrétiens au Japon est de 150 000 ». A cette époque, la chrétienté ne se rencontrait qu'à l'ouest du Japon. Donc, si cette population de l'ouest du Japon s'élevait à environ 15 millions d'habitants, les chrétiens ne devaient représenter que 1 % de la population. Oda Nobunaga, grand seigneur féodal de l'époque, avait l'esprit généreux et il aida beaucoup à l'expansion du christianisme. Oda haïssait les moines bouddhistes à cause de leurs contestations incessantes et de leur puissance. Ainsi, dans l'intention de les contrecarrer, il accueillit favorablement les missionnaires catholiques et voulut utiliser politiquement cette situation pour atteindre son but qui était l'unification du Japon en réprimant toutes les forces antagonistes.

En 1582, les efforts incessants des missionnaires catholiques depuis l'arrivée au Japon en 1549 de François Xavier virent leur consécration dans l'envoi depuis Nagasaki de quatre adolescents, fils de seigneurs de Kyushu, âgés de 13 à 15 ans, à Lisbonne. De Lisbonne ils se rendirent à Rome où ils furent reçus par le Pape au cours des deux mois de leur séjour romain. Puis, via Lisbonne ils s'en retournèrent à

Nagasaki. 8 ans et 5 mois s'étaient écoulés depuis leur départ du Japon.

Mais pendant le voyage de ces envoyés adolescents, la politique du Japon vis-à-vis du christianisme s'était modifiée. Toyotomi Hideyoshi avait succédé à Oda Nobunaga assassiné en 1582. Toyotomi Hideyoshi avait promulgué un décret d'interdiction du christianisme le 24 juillet 1587. Le décret en 5 articles peut se résumer ainsi : Interdiction du christianisme contraire au shintoïsme et au bouddhisme traditionnels du Japon. Les missionnaires sont interdits de séjour au Japon. D'ici 20 jours ils doivent tous avoir quitté le territoire. Cependant les navires de commerce en provenance des pays chrétiens sont admis.

Les historiens donnent plusieurs raisons à cette interdiction du christianisme par Toyotomi Hideyoshi, mais la principale était le danger d'une éventuelle colonisation du Japon. La crainte était que les missionnaires chrétiens ne convertissent plusieurs seigneurs, ne les poussent à se révolter et qu'ils ne conquièrent des territoires. En effet, un événement se produisit dix ans après la promulgation du décret, en 1596, venant confirmer les craintes de Toyotomi Hideyoshi : un bateau espagnol jaugeant 700 tonnes en provenance de l'île Luçon (conquise par l'Espagne en 1570) et se dirigeant vers le Mexique fit naufrage et vint s'échouer en Shikoku du Japon. A bord il y avait 200 marins et passagers. Après leur débarquement, des fonctionnaires japonais vinrent les contrôler ainsi que le fret du navire. Alors, un pilote espagnol du navire commit une bévue d'importance. En montrant

Épilogue

aux Japonais une carte du monde, il montra orgueilleusement combien étaient vastes les territoires sous contrôle espagnol. Les fonctionnaires japonais lui demandèrent : « Par quel moyen avez-vous tellement agrandi vos territoires ? » — « L'Espagne envoie d'abord des missionnaires pour transmettre le christianisme à un peuple. Lorsque les fidèles deviennent nombreux, l'Espagne envoie alors des militaires qui en écho avec les fidèles indigènes peuvent conquérir facilement ces pays. » Le rapport des fonctionnaires parvint à Toyotomi Hideyoshi et ses craintes des dix années précédentes trouvaient ainsi leurs preuves. Toyotomi Hideyoshi en promulguant dix ans auparavant son décret d'interdiction du christianisme n'en avait pas voulu une application trop stricte. Mais en apprenant la gaffe espagnole, il durcit son attitude.

Selon certains historiens, le durcissement de Toyotomi Hideyoshi à l'égard du christianisme avait pour origine les calomnies des Portugais habitant Kyoto sur les Espagnols : « Les Espagnols sont des pirates. Comme au Pérou, au Mexique et aux Philippines ils envoient des missionnaires franciscains au Japon, ils procèdent au quadrillage du pays, font du commerce, mais leur but final est la conquête du pays. » Remarquons que la Compagnie de Jésus portugaise et l'ordre franciscain espagnol s'acharnaient chacune sévèrement pour répandre le christianisme au Japon et les relations entre eux étaient tendues.

Ainsi, le 5 février 1597, six missionnaires franciscains et vingt fidèles japonais furent crucifiés à Nagasaki. Ces vingt-six crucifiés ont été béatifiés plus tard, en 1862. Le gouverneur espagnol de Manille envoya une ambassade afin de demander au Japon les corps des missionnaires crucifiés. Cette ambassade partit pour le Japon porteuse d'une lettre du gouverneur, de son portrait et d'objets en argent, d'armes et d'un éléphant en présents. Cet éléphant produisit un effet sensationnel sur les Japonais qui n'en avaient jamais vu. Les spectateurs étaient si nombreux au passage de l'éléphant qu'il y eut des accidents mortels. Un commerçant espagnol qui résidait au Japon à ce moment-là, laissa un récit amusant des émotions de Toyotomi Hideyoshi :

A l'arrivée de Toyotomi Hideyoshi, le cornac fit s'agenouiller trois fois l'éléphant, lever sa trompe au-dessus de sa tête et barrir très fort. Toyotomi en était subjugué et il demanda au cornac ce que tout cela signifiait. Celui-ci lui répondit : « Il peut comprendre qui vous êtes, Votre Seigneurie et il vous a salué à sa façon. » Toyotomi était encore plus ému et lui demanda son nom. — « On l'appelle dom Pedro. » Toyotomi ne descendit pas de l'estrade, mais s'approcha tout au bord et l'appela deux fois : « dom Pedro ! dom Pedro ! » Alors, l'éléphant salua à nouveau de la même façon. Toyotomi était très satisfait et applaudit plusieurs fois fébrilement en disant : « Oh ! Oh ! Oh ! » Tous les grands seigneurs du Japon assistaient à cette scène. Toyotomi interrogea : « Qu'est-ce que mange un éléphant ? » — « Il mange tout ce qu'on lui donne. » Alors on apporta deux grands plateaux chargés de melons et de pêches. Toyotomi prit lui-même un des plateaux et l'offrit à l'éléphant. L'élé-

Épilogue

phant prit des fruits avec sa trompe et les déposa sur le sommet de sa tête. Puis il les mangea. Toyotomi posa devant l'éléphant tous les fruits qui restaient et l'éléphant les mangea très vite sans broncher et sans rejeter ni noyaux ni pépins. Toyotomi fixait l'éléphant sans relâche et tendait l'oreille pour entendre les réflexions de tous les admirateurs de l'éléphant, cet animal fabuleux à la sagesse splendide.

En 1590, Toyotomi réussit à dominer tous les seigneurs du Japon. Alors, la vie du peuple se stabilisa et en conséquence les demandes en marchandises extérieures devinrent plus importantes. Le produit le plus demandé était toujours la soie brute. Un commerçant espagnol qui résidait depuis longtemps au Japon nous en a laissé le récit : « Aujourd'hui, même toute la soie brute venant de Chine et de Manille ne peut satisfaire la demande japonaise. Tous les ans le Japon consomme plus de 200 tonnes de soie brute. » Correspondant à l'augmentation de la demande du peuple japonais en marchandises étrangères, l'expansion extérieure japonaise allait s'amplifiant. A ce moment, un Japonais résidant aux Philippines écrivit à Toyotomi Hideyoshi : « La défense de Manille est faible. Si le Japon envoie une armée il pourra facilement la conquérir. Ou bien si vous la menacez d'envoyer une forte armée elle s'inclinera sans coup férir. » Donc, en 1592 Toyotomi envoya à Manille un messager porteur d'une dépêche : « Chez nous, pendant plus d'un siècle les héros s'entre-tuèrent, mais depuis ma naissance j'avais pour destin de les pacifier tous. J'ai accompli cela en dix ans. Maintenant je m'apprête à envoyer une armée en Chine. Inclinez-vous de suite, sinon je vous attaquerai immédiatement. »

Le gouverneur espagnol de Manille demeura stupéfait. Après mûres réflexions le gouvernement décida : « Nous avons peu de moyens de défense. Nous ne pourrions tenir tête à une force japonaise importante. Donc, gagnons du temps en échangeant des messages avec eux et pendant ce temps-là renforçons nos défenses. Si possible résolvons ce problème en paix. » De son côté, Toyotomi Hideyoshi avait établi un plan d'invasion de Taiwan, mais la même année (1592) ayant décidé d'envoyer une armée en Corée, il ne pouvait plus en envoyer vers le Sud (Taiwan et Philippines). Le but de Toyotomi était d'unifier Japon, Corée et Chine des Ming. L'armée japonaise envoyée en Corée était de 158 700 hommes, 9 200 marins et environ 100 000 hommes de réserve cantonnés au nord du Kyushu. Cette armée s'avança jusqu'au nord de la Corée, mais la mort de Toyotomi en 1598 (62 ans), provoqua le repli de l'armée japonaise.

Ainsi, le grand projet de Toyotomi tomba à l'eau, mais l'importance politique de cet homme est très grande dans l'histoire du Japon. Dans notre prochain ouvrage : « Littérature Samouraï — Japonais d'Hier et d'Aujourd'hui », nous tenterons de prouver que l'entité japonaise s'est formée à son origine à l'aide d'éléments nordistes et sudistes en se basant sur le Kojiki, sur les résultats de recherches archéologiques, etc. Nous y expliquerons comment cette entité se trouva face à un choix à faire de se diriger vers le nord ou le sud à l'époque contemporaine, au moment de

Épilogue 163

l'expansion. Ce fut justement Toyotomi qui eut le premier à résoudre ce problème de choix du nord ou du sud dans l'histoire du Japon. Toyotomi, au XVIe siècle, choisit l'avance vers le nord comme le Japon de la fin du XIXe siècle et du début du XXe siècle.

Cet envoi de l'armée de Toyotomi en Corée répond aussi à la question que n'importe qui peut se poser : « Les Portugais, les Espagnols, les Hollandais et les Anglais ont colonisé le Sud-Est asiatique et la Chine. Pourquoi ne tentèrent-ils pas de coloniser aussi le Japon ? » Certains historiens japonais tentent de se mettre dans leurs pensées : « Nous pourrions occuper un ou deux ports japonais, mais le Japon peut réunir 300 000 hommes pour envahir la Corée tandis que nous ne pourrions lui opposer autant d'hommes. » Ainsi, les Européens se contentèrent-ils de faire uniquement du commerce avec le Japon.

A ce moment-là, les navires japonais jaugeant de 200 à 800 tonnes mettaient quinze jours pour se rendre à Taiwan, vingt pour les Philippines et environ un mois pour l'Annam. Toyotomi apportait tout son zèle au développement du commerce extérieur et tenta de s'enrichir lui-même en se réservant une grande partie de la soie brute et de l'or importés. Il importa aussi en grande quantité du plomb (pour munitions), du salpêtre (pour la poudre). Il est très intéressant de constater que les poteries utilisées quotidiennement par les indigènes de Luçon (Philippines) étaient importées aussi en grande quantité, car Toyotomi était un grand fervent de la Cérémonie du Thé qui était très en vogue à ce moment-là. Ces poteries des Philippines apportaient un certain exotisme et nourrissaient le snobisme de l'époque. Elles ne coûtaient presque rien aux Philippines, mais étaient onéreuses au Japon. Toyotomi intervenait dans le commerce de ces poteries et en tirait grand profit.

Vers la mi-mars de l'an 1600, un bateau hollandais jaugeant 300 tonnes vint dériver dans la baie Usuki, au nord-est du Kyushu. Il faisait partie d'une flotille de cinq navires partis de Rotterdam deux années auparavant au cours de l'été. Il avait franchi le détroit de Magellan et traversé l'Océan Pacifique. Le navire était très endommagé. Vingt-quatre marins seulement survécurent sur les cent dix qui montaient le navire au départ. Sur les vingt-quatre, seuls quelques-uns étaient encore capables de marcher. Le capitaine était hollandais et l'officier de navigation anglais (William Adams). Le navire, devenu inutilisable, fut abandonné. La statue en bois d'Erasme qui décorait la poupe du navire fut seule conservée. Elle appartient aujourd'hui au Musée National de Tokyo. C'est là le vestige des premières relations nippo-hollandaises.

La Hollande devint indépendante en 1581 et en Angleterre des commerçants londoniens fondaient la Compagnie des Indes Orientales, le 31 décembre 1600, avec autorisation de la reine Elizabeth 1re. Ainsi, ces deux pays venaient juste de s'introduire dans le commerce oriental. Il est donc facile de comprendre combien ce bateau hollandais échoué au Japon excita les Portugais qui se mirent à craindre de voir s'écrouler leur monopole commercial sur le Japon. Les Portugais se mirent donc à calomnier les Hollandais

Épilogue

auprès de Tokugawa Ieyasu qui avait succédé à Toyotomi Hideyoshi : « Les Hollandais sont des voleurs. Ils truandent dans tous les pays. » Ils allèrent même jusqu'à demander la peine capitale pour ces Hollandais. Nous voyons ici que l'antagonisme précédent entre Portugais et Espagnols s'était mué maintenant en antagonisme entre catholicisme (Portugais, Espagnols) et protestantisme (Hollandais, Anglais). Mais, naturellement, Tokugawa Ieyasu ne saisissait pas la différence entre catholicisme et protestantisme. Il prit soin des marins hollandais et les traita bien. En particulier, William Adams, qui épousa par la suite une Japonaise, séjourna longtemps au Japon en tant que conseiller de Tokugawa Ieyasu et, ainsi, contribua beaucoup au développement de la navigation japonaise (voir : « Tokyo et ses Environs », Paris, Guides Bleus Illustrés Hachette, page 64).

Tokugawa Ieyasu était aussi vivement intéressé par le commerce extérieur. Il le développa non seulement avec le sud de l'Asie, mais encore avec le Mexique. Pour l'exécution de son plan, le seigneur Date Masamune, de la ville de Sendai (nord du Japon), envoya en 1613 Hasekura Tsunenaga en mission au Mexique. Le bateau que fit construire Date Masamune était long de 18 kens (38,58 m) et large de 5 kens 1/2 (9,95 m), et avait un équipage de 180 marins. Des commerçants japonais et européens étaient à bord. Après avoir été au Mexique, Hasekura se rendit en Espagne et séjourna deux mois à Rome. Il repassa en Espagne pour retourner au Mexique où son suzerain, le seigneur Date, avait envoyé un autre navire pour le ramener au Japon via les Philippines. Il séjourna deux années à Manille et retourna au Japon huit ans après son départ.

Tokugawa Ieyasu avait pris en mains le pouvoir politique du Japon après sa victoire à Sekigahara en 1600. Aussitôt, il envoya des lettres amicales aux hommes d'Etat étrangers :

« Si des navires nippons parviennent dans vos ports, examinez bien qu'ils soient porteurs du même sceau que j'ai apposé sur cette lettre en preuve. Les bateaux qui ne seraient pas porteurs de ce sceau ne sont pas autorisés à commercer. »

Ces navires porteurs du sceau au nom de Tokugawa Ieyasu sont appelés : « bateaux au sceau rouge ». Ce sceau rouge fut apposé environ 300 fois, jusqu'à la fermeture du pays en 1633. C'est dire que « les bateaux au sceau rouge » recevaient leur autorisation à raison de 10 à 15 en moyenne par an. Leur destination était tout le Sud-Est asiatique, mais six régions, la Cochinchine, le Siam, Luçon, le Cambodge, Taiwan et le Tonkin occupaient 85 % du total.

A cette époque, les paiements utilisés dans le commerce extérieur du Japon se faisaient en monnaie d'argent, utilisée aussi pour les règlements portuaires japonais, pour les achats à l'étranger et ainsi beaucoup d'argent sortit du Japon. Les navires qui transportaient de l'argent japonais à l'extérieur étaient, par ordre d'importance : les navires japonais porteurs du sceau rouge, les navires portugais, chinois et hollandais. Au début du XVIIe siècle les bateaux de commerce hollandais étaient peu nombreux et la quantité de monnaie d'argent qu'ils transportaient n'était que le tiers de celle transportée par les bateaux portugais. Tentons maintenant d'évaluer combien d'argent sortit du Japon à cette époque. Les spécialistes ont fait des évaluations minima sur les navires des quatre nationalités : entre 130 et 165 tonnes/an. Les spécialistes estiment qu'à cette époque l'argent produit dans le monde entier hormis le Japon était de 390 tonnes/an, au maximum de 420 tonnes/an. Donc, la quantité d'argent sortie du Japon atteignait 30 à 40 % de la production mondiale. Ainsi, on comprend facilement pourquoi les commerçants occidentaux ou orientaux apportaient tant de zèle à l'expansion de leur commerce avec le Japon.

En dehors de ces monnaies d'argent, le Japon exportait du cuivre, des monnaies de cuivre, du soufre, du camphre, de la farine de froment, des objets de l'artisanat, etc. A cette époque, en Asie, peu de pays extrayaient le cuivre en dehors du Japon. Les bouilloires de cuivre japonaises étaient très prisées dans l'Asie entière. Depuis les environs de 1749, les Chinois commencèrent à extraire en grande quantité le cuivre du Yunnan, mais auparavant les soldes des innombrables soldats chinois étaient réglées en monnaie de cuivre dont la matière provenait du Japon. Aussi le cuivre japonais servait à fabriquer les monnaies de cuivre que le peuple chinois utilisait quotidiennement. Le cuivre du Japon était exporté en Chine, au Sud-Est asiatique, aux Indes et en Perse, mais aussi les navires hollandais en transportaient de Java jusqu'en Europe.

Les importations japonaises consistaient en soie brute, étoffes de soie, coton, peaux de daims, peaux de requins, de l'étain, du plomb, du sucre et plusieurs essences de bois parfumés. (Les peaux de daims étaient utilisées pour vestes, jupes pour hommes et socks, lacets de cuir pour armures et toutes sortes de sacs, etc. Les peaux de requins étaient utilisées pour les fourreaux et poignées de sabres.)

En correspondance à ce commerce extérieur en vogue les Japonais émigraient un peu partout dans le Sud-Est asiatique. Tout d'abord, ils allèrent en Luçon où depuis 1558 environ des navires japonais étaient venus pour acheter de l'or et des peaux de daims bon marché, pour les importer au Japon. Lorsque, en 1570, des Espagnols arrivèrent pour la première fois à Manille, leurs comptes rendus nous disent qu'une vingtaine de Japonais y habitaient déjà en dehors des Chinois. Depuis, petit à petit, le nombre des habitants japonais augmenta et en 1620, le quartier japonais de Manille comptait 3 000 habitants.

Les historiens estiment qu'à cette époque environ 10 000 Japonais vivaient dans le Sud-Est asiatique. Nous n'avons pas l'intention de reprendre chaque ville en détail, mais le plus intéressant est qu'à cette époque des Japonais se rendirent à Angkor-Wat. Au Cambodge, deux villes avaient des quartiers japonais : Udong, capitale de l'époque, et une cité de la banlieue de Phnom-Penh, ayant chacun environ 200 ressortissants japonais. Les Japonais de passage dans ces quartiers se rendaient en excursion à Angkor-Wat. Le périmètre du grand temple d'Angkor-Wat est de

Épilogue

5 km. Il se compose de trois registres de galeries. A l'extrémité du premier registre Ouest on peut découvrir plusieurs graffiti de visiteurs japonais de cette époque. Le plus connu est constitué par 12 lignes écrites à l'encre de Chine par un samouraï de la ville de Kumamoto, Morimoto Ukondayû-Kazufusa, daté du 20 janvier de la 9e année de Kan-ei (1632) : « Je fais don de quatre statues de bouddhas pour mon père et ma mère défunts. » Le père de Kazufusa était un général vassal du seigneur Kato Kiyomasa qui avait construit le château de Kumamoto (voir : « Les Châteaux-Forts du Japon »). Le père de Kazufusa était très connu parce qu'il s'était distingué au cours de la guerre de Corée et Toyotomi Hideyoshi l'avait récompensé. Son fils, Kazufusa était vassal du seigneur Matsura de la ville Hirado. Avec fierté il parlait à tout le monde de sa visite à Angkor-Wat.

Au Siam aussi vivaient environ 1 500 Japonais. Leur chef était le fameux Yamada Nagamasa. Il avait participé à la guerre civile de succession au trône siamois en commandant 800 mercenaires japonais et 20 000 soldats siamois. Ainsi, il étouffa la révolte, mais à cause de cela il fut empoisonné par le régent qui voulait s'emparer du trône.

La vie des Japonais dans leurs quartiers était le prolongement de leurs habitudes du Japon : ils portaient un chignon, des kimonos, plaçaient des tatamis (nattes) sur le sol et se faisaient envoyer des aliments japonais depuis le Japon. Une lettre nous restitue bien leur nostalgie : « Quand le vent souffle doucement du nord nous l'aimons à la pensée qu'il vient du Japon.

Nous montons dans la montagne, en emportant nos paniers-repas et boîtes à pique-nique et nous y sanglotons, y rions. Et la nuit tombant nous nous en retournons. » Comme nous le voyons dans cette lettre, les Japonais ne s'adaptaient pas aux pays étrangers, ils voulaient retourner bien vite au Japon. Les femmes japonaises émigrant très peu, les Japonais épousaient des femmes indigènes et leurs enfants et petits-enfants n'étaient plus attachés au Japon. De plus les émigrants japonais étaient venus spontanément d'eux-mêmes, sans protection gouvernementale. Et vis-à-vis des Européens qui émigraient systématiquement protégés par leur gouvernement et vis-à-vis des Chinois émigrés plus nombreux et émigrant déjà depuis longtemps, l'installation japonaise n'était pas facile. Un dernier coup de grâce fut porté à cette émigration japonaise : les décrets de fermeture du pays promulgués par 5 fois de 1633 à 1639.

Malgré l'interdiction du christianisme, des missionnaires arrivaient en secret au Japon en se cachant à bord des bateaux japonais, chinois, portugais ou espagnols. Des fidèles chrétiens japonais existaient encore. Donc, ces décrets interdirent aux bateaux japonais et aux Japonais de quitter le territoire, autorisant seulement les bateaux hollandais et chinois à accoster au seul port de Nagasaki. Et les Hollandais et les Chinois étaient les seuls autorisés à habiter chacun dans leurs îlots respectifs de Nagasaki rigoureusement surveillés. Voilà le contenu principal des décrets de fermeture du pays. Le gouvernement Tokugawa tira deux profits de ces décrets : vis-à-vis

Épilogue

de l'extérieur, il empêcha une colonisation du Japon, à l'intérieur, il empêcha les seigneurs des provinces de s'enrichir grâce au commerce extérieur.

C'est ainsi qu'en 1639, un bateau hollandais en provenance du Japon atteignait le port de Batavia (Djakarta d'aujourd'hui), à Java, après une absence de plusieurs mois. Il apportait aux Hollandais la nouvelle de la fermeture du Japon. Ceux-ci furent fous de joie, se réjouissant de la réalisation de leurs rêves de longues années. Le gouverneur, les fonctionnaires, les officiers et les citoyens organisèrent une grande fête. La Hollande avait utilisé tous les moyens pour avoir le monopole du commerce avec le Japon. De 1629 à 1635, les Hollandais s'emparèrent ou détruisirent 150 navires portugais en mer à l'est de l'Asie. En 1641, ils occupaient Malacca, base portugaise.

Contre l'Espagne les Hollandais menacèrent la ligne maritime entre Mexique et Luçon. Aussi, ils tendirent des guet-apens aux navires chinois venant du sud de la Chine et qui procuraient de la soie brute et autres marchandises aux navires espagnols de Manille. Ils les coulaient ou les abordaient et s'emparaient des marchandises qu'ils vendaient souvent au Japon. Ils avaient ainsi un bénéfice net.

Contre l'Angleterre, ils saisirent l'occasion du mariage du roi d'Angleterre avec une princesse portugaise en 1662 : le gouverneur hollandais résidant à Batavia avait ordonné au directeur du comptoir commercial qui s'apprêtait à partir pour le Japon : « Efforcez-vous de susciter l'hostilité des Japonais vis-à-vis de ce mariage anglo-portugais. » Ce fut là une tentative hollandaise pour éloigner l'Angleterre du Japon.

Les Hollandais tentaient par tous les moyens d'influencer le gouvernement japonais afin d'empêcher les navires chinois d'approcher du Japon. Mais, géographiquement, Chine et Japon sont proches l'un de l'autre et les côtes chinoises sont trop vastes pour avoir pu être contrôlées par les Hollandais.

Les Hollandais faisaient échec aux Européens et le Japon lui-même empêchait ses propres navires de naviguer vers l'étranger, ce qui profita aux Hollandais qui commercèrent sur les anciens points où les Japonais faisaient autrefois du commerce. C'est ainsi que la Hollande réussit à dominer le commerce en Asie.

Pourquoi la Hollande tenait-elle tant à commercer avec le Japon ? Principalement pour les gros rapports qu'elle en tirait. Les Hollandais réalisaient un bénéfice net annuel d'au moins 4 à 500 000 guldens, allant parfois jusqu'au million de guldens grâce au commerce avec le Japon. Ce bénéfice net était le plus important de tous ceux que les Hollandais tiraient de leurs comptoirs commerciaux en Asie. Voici les statistiques montrant les bénéfices nets des comptoirs commerciaux hollandais en Asie en 1649 :

Japon : 709 603 guldens — Formose : 467 534 guldens — Perse : 326 842 guldens — Côte ouest de Sumatra : 93 280 guldens — Surat (au nord de Bombay) (Inde) : 92 592 guldens — Macassar (Célèbes) : 43 523 guldens.

Pour maintenir ce monopole commercial, la Hol-

Épilogue

lande suivait à la lettre la politique antichrétienne des Japonais. Les Hollandais qui soutenaient financièrement leurs pasteurs répandant le protestantisme dans le Sud-Est asiatique s'abstenaient de le faire au Japon. Ils jetaient à la mer, avant que leurs navires n'atteignissent Nagasaki, tous les ouvrages religieux et objets de culte, ou bien les cachaient scrupuleusement dans des coffres à bord.

Les lecteurs français se demanderont peut-être ce que faisait la France à ce moment-là. Colbert, alors ministre des Finances dressa des plans afin d'établir des relations commerciales avec le Japon en choisissant François Caron dont la situation était devenue précaire. Cet homme avait été auparavant directeur du comptoir hollandais de Hirado, très florissant grâce à lui. Mais sa situation s'assombrit à son retour en Hollande. Les Hollandais avaient averti le gouvernement japonais que les Français étaient catholiques et qu'ils avaient déjà envoyé des missionnaires au Siam afin d'y répandre le catholicisme avec ferveur. Ils contrecarrèrent donc les projets de Colbert. En dehors de cela, la France demeura la seule puissance européenne à n'avoir manifesté aucun zèle pour commercer avec le Japon depuis les premiers contacts nippo-européens du XVIe siècle jusqu'à aujourd'hui. Cela semble curieux.

Aujourd'hui la France occupe le 18e rang des pays exportateurs au Japon et ses exportations vers le Japon n'atteignent que 38 % de ses importations japonaises.

La fermeture du Japon, qui n'avait plus de contacts avec l'Occident que par l'intermédiaire des Hollandais, dura environ deux siècles. A partir du début du XIXᵉ siècle, des navires de guerre russes, anglais et américains parvenaient aux alentours du Japon afin de demander l'ouverture du pays. La controverse d'ouverture ou non du pays nourrit alors toutes les conversations des citoyens japonais.

Analysons maintenant ce problème politique japonais. Le médecin hollandais Kaempfer (1651-1716), né en Allemagne, était venu au Japon en 1690 en tant que médecin du quartier hollandais de Nagasaki et séjourna deux années au Japon. Il écrivit, après son retour en Hollande, un ouvrage de 700 pages intitulé : « The History of Japan ». Ce livre était bien connu en Europe à l'époque. Emmanuel Kant et le marquis de Montesquieu le lirent. (Dans son : « Projet de Paix perpétuelle », Kant qualifie cette fermeture du Japon de sagesse.)

Kaempfer en dit : « Le Japon est constitué d'îles isolées du continent. La végétation y est abondante, son peuple est travailleur, la main-d'œuvre est habile et il peut se suffire à lui-même. De plus les lois y sont sévères et l'ordre règne. Toutes les nations subissent des mécontentements et des révoltes, donc il est avantageux pour un pays de couper toutes relations avec un extérieur pouvant apporter des troubles intérieurs. » Ainsi, Kaempfer était pour la fermeture du Japon. Mais cette attitude était toute naturelle pour un Hollandais dont le pays tirait énormément de bénéfices de cette politique japonaise.

Consultons maintenant les historiens japonais d'au-

Épilogue 175

jourd'hui, afin de montrer les qualités et défauts de cette politique.

Qualités : Supposons que des seigneurs ambitieux aient tenté de s'opposer au gouvernement d'Edo (Tokyo) avec l'aide de pays étrangers — cela aurait pu être une menace pour l'unité et la paix nationales. D'un autre côté le Japon pouvait aussi échapper au désordre que des problèmes religieux auraient pu provoquer. En conséquence la plus grande qualité de cette politique fut sans aucun doute la paix apportée pendant trois siècles par le gouvernement Tokugawa. Côté économique, l'industrie intérieure se développa, en particulier les spécialités régionales. Ainsi après la réouverture du pays l'économie japonaise put vite se développer. Côté culturel, sans aucune influence étrangère, les Japonais purent mûrir leur culture traditionnelle (estampes, haïkaï, théâtre kabuki, jardins, arts martiaux...).

Défauts : au premier lieu, diminution de la connaissance du monde extérieur. Désir d'expansion brisé et par là, au moment de la réouverture du pays deux siècles et demi plus tard, le partage du monde était déjà fait. Le Japon n'avait plus aucun endroit où prendre pied. Au point de vue économique, la fermeture du pays avait pour qualité de restreindre la sortie de l'or, de l'argent et de la monnaie japonaise. Quant à la démographie, à cause des crises de famine, la population demeura en stagnation durant l'ère Edo. Si le pays n'avait pas été fermé il aurait pu importer des denrées alimentaires de l'extérieur afin d'enrayer la crise. Il va de soi que tout ce qui concerne le génie maritime alla en régressant. Ajoutons aussi à toutes ces assertions des historiens : le manque de capacité des Japonais d'aujourd'hui dans l'étude des langues occidentales. Ils ne peuvent, sans difficulté, écrire un livre dans une langue occidentale, a fortiori parler. La fermeture du pays en est certainement l'une des causes.

Nous pensons également que la fermeture du pays présentait plus de défauts que de qualités. La précipitation des Japonais à vouloir rattraper leur retard dû à deux siècles et demi d'isolement fut à l'origine du mouvement du Japon au cours du dernier siècle.

III.

Choix de l'emblème national japonais

Lorsque les Japonais songèrent à renouer des relations avec l'extérieur, après ces deux siècles et demi de fermeture, il leur fallut tout d'abord choisir un emblème national. Le 25 février 1855 le soleil apparut pour la première fois en tant qu'emblème national du Japon. La province de Satsuma (sud du Kyushu) avait offert le « Shohei-maru », bateau long de 44 mètres au gouvernement d'Edo. Le navire avait hissé le drapeau frappé du soleil et s'était dirigé vers la baie de Tokyo. La décision d'adopter cet emblème avait été prise en juillet 1854. Le seigneur Shimazu, de la province Satsuma, avait eu un entretien avec le ministre Abe au sujet de ce don du navire Shohei-maru :

— « Le Shohei-maru vous sera bientôt livré, mais on ne peut jamais prévoir s'il ne sera pas déporté par la tempête dans un quelconque pays étranger. Il faudrait que tous nos bateaux soient sous un pavillon national. »

— « Actuellement je suis trop préoccupé par les affaires d'Etat et n'ai pas le temps de m'occuper d'un drapeau national. Plutôt je voudrais connaître ce que vous en pensez vous-même. »

— « J'ai mon idée là-dessus que j'ai déjà exposée aux seigneurs Mito, Owari, Uwajima et autres. Tous sont d'accord avec moi. Les étrangers appellent notre pays : « Le Pays d'Origine du Soleil » ou bien « Le Pays du Soleil Levant. » Donc, le drapeau frappé du Soleil correspond bien à ces surnoms. Aussi, lorsque la Grande-Kami-Illuminant-du-Ciel sortit de la Grotte Céleste, le Japon fut fondé et il subsista jusqu'à aujourd'hui. A tous ces points de vue l'emblème frappé du Soleil convient bien. »

Nous attirons l'attention du lecteur sur le fait que dans cette histoire le fait mythologique de la Grotte Céleste constitue l'origine de la fondation du Japon. Encore une preuve que cet épisode de la Grotte Céleste constitue le noyau de la Spiritualité japonaise comme nous l'avons justement précisé au paragraphe I de l'épilogue. Reportons-nous encore à cet épisode du « Kojiki ».

En tant qu'acte religieux ce passage mythologique de la Grotte Céleste fait ressortir trois éléments : 1) Grande-Kami-Illuminant-du-Ciel, dans l'obscurité de la Grotte aperçoit le *miroir* (symbolisant l'unification entre sujet et objet, moi et autrui); 2) cette unification sert de tremplin (élan, saut, bond) pour passer du monde obscur au monde de lumière. Dans le « Kojiki » cela est exprimé par les mots « *sortir* » et « *attirer* »; 3) le *Cordon Sacré* signifie la non-continuité entre le monde obscur et le monde de lumière.

La punition infligée à Majesté-Masculin-Puissant-

Épilogue

Rapide fut de l'obliger à couper sa barbe, de lui arracher les ongles des mains et des pieds. Les cheveux et les ongles provenant du corps d'un homme que l'on punit constituent toujours une partie du corps original. Donc, si on pratique sur ces trophées des actes magiques, ils peuvent nuire au corps qui les a portés. Ceci se pratiquait chez certains peuples de l'antiquité et aujourd'hui chez des primitifs. L'ethnographe anglais Frazer cite de nombreux exemples de ces pratiques dans « Le Rameau d'or » (1890). Ou bien, depuis l'antiquité jusqu'à aujourd'hui, la barbe est-elle symbole de virilité et de courage ? Donc, couper une barbe affaiblit un homme puni qui devient objet de mépris. Arracher les ongles est peut-être une simple torture ?

« Silla ! Le soleil est clair à minuit ! » des « Dialogues dans le Rêve » renferme aussi trois éléments. Silla signifie la non-continuité, minuit le monde obscur et le soleil est clair, le monde de lumière. Il est significatif de considérer le « Kojiki » au point de vue Zen et le Zen au point de vue du « Kojiki ». Ainsi, il devient possible de suivre la pensée du Japon depuis l'antiquité jusqu'à aujourd'hui. Le texte établi par une race au début de son histoire est prémonitoire. Il semble connaître le destin de cette race. Le « Kojiki » est cela pour les Japonais. Nous pouvons lire dans le « Kojiki » le destin de la race japonaise. A ce sujet, la réponse dans le VIIe chapitre des « Dialogues dans le Rêve » est importante. Le moine Muso y révèle ses impressions ressenties lors de sa visite au sanctuaire shinto d'Ise. La pureté intérieure et extérieure est un principe shintoïque et lorsque le grand Maître Kôbô reproduit des images de grands bodhisattvas, ceux-ci eux-mêmes reproduisent l'image du grand Maître Kôbô. C'est le principe d'unification du sujet et de l'objet. Cette réponse du VIIe chapitre des « Dialogues dans le Rêve » est importante pour tracer le développement de la spiritualité japonaise depuis le « Kojiki » jusqu'au Zen en passant par Kôbô.

Les dernières phrases du « Traité des Cinq Roues » montrent que le bushido peut se rattacher au « Kojiki » et au Zen. Le mal signifie le monde obscur, le bien le monde de lumière. L'intelligence, les principes (avantages) et les voies sont « être », non-continuité avec l'esprit « vide ».

L'époque de Miyamoto Musashi est toujours controversée, même aujourd'hui. Cette année (1976), le romancier Miura Tetsuo publie un roman intitulé « Eloge des Adolescents ». Il s'agit de quatre chargés de mission adolescents qui s'étaient rendus à Lisbonne et à Rome. L'année de la naissance de Miyamoto Musashi, 1584, ils parvenaient tous quatre à Lisbonne. Ils y rencontrèrent Luis de Granada (1504-1588), âgé de 80 ans, et lui offrirent la traduction japonaise de ses œuvres.

Le philosophe contemporain Watsuji Tetsurô réfléchit très souvent à la signification de la fermeture du pays. En se référant à plusieurs ouvrages de samouraïs de l'époque Muromachi (1338-1573), en commençant par le « Miroir militaire de la Province Kaï-Sud » (Kôyôgunkan), il insiste sur le fait que les samouraïs de cette époque avaient un esprit moral et qu'ils

Épilogue

avaient tendance à penser raisonnablement, rationnellement, étant ainsi prêts à entrer dans l'époque moderne. Watsuji nous dit : « On a tendance à sous-estimer la culture Muromachi, erreur due à la politique culturelle du gouvernement Edo. Nous nous devons de corriger ce défaut. »

Watsuji Tetsuro s'intéresse également beaucoup aux contes populaires de l'époque Muromachi : « A la fin de l'époque Muromachi le peuple avait un concept d'une divinité souffrante et d'une divinité ressuscitante. Cela apparaît dans les contes des sanctuaires de Kumano, de Itsukushima (Miyajima) et de Mishima. Pour eux, l'histoire de Jésus sur sa croix n'aurait pas été incompréhensible. » Il suppose que ce concept d'une divinité souffrante est né dans le peuple japonais, car ce concept apparaît dans les contes populaires qui n'ont aucune relation avec les livres bouddhiques. Une image de ces contes populaires nous montre une souveraine dont le sang jaillit du cou. Le peuple la vénérait en tant que future divinité de Kumano. Pour ces gens une représentation de Jésus en croix n'aurait pas été extraordinaire.

Au début du XVIIe siècle, le shôgun Tokugawa Ieyasu changea la politique culturelle en transférant les bases de la pensée, du bouddhisme au confucianisme. En 1607, il chargea Hayashi Razan âgé alors de 25 ans, de mener cette politique. Celui-ci très étroit d'esprit empêcha les Japonais de penser librement. Watsuji Tetsuro dit à son propos :

« La puissance de pensée des Japonais de cette époque n'était pas tellement faible. Quand je vois ce que Nakae Tôju, Kumazawa Banzan, Yamaga Sokô, Ito Jinsaï et plus tard Arai Hakuseki, Ogyu Soraï ont fait, je les trouve de très haut niveau. Si ces lettrés avaient pu accueillir librement tous les courants de pensées, la pensée japonaise du XVIIe siècle aurait pu atteindre la carrure de la pensée européenne. Lorsque je pense à cela j'éprouve beaucoup d'amertume envers l'étroitesse d'esprit de ce Hayashi Razan et envers la façon dont il mena la politique culturelle du Japon. »

Notons que Hayashi Razan et Miyamoto Musashi vécurent à la même époque, mais ils sont totalement différents : Musashi avait l'esprit aussi vaste que Hayashi Razan l'avait étroit.

TABLE

Préface	9
I. Vie de Musashi	13
II. Gorin-no-Sho (Traité des Cinq Roues) ...	34
III. Situation du « Traité des Cinq Roues, complément du « Kojiki » et des « Dialogues dans le Rêve », dans l'histoire de la pensée japonaise	37
Traité des Cinq Roues	47
I. Avant-propos	49
II. Terre	51
Sur la voix de la tactique	52
Comparaison de la tactique à l'habileté du charpentier	55
Voix de la tactique	57
Les cinq chapitres de ce livre sur la tactique	58
École des deux sabres (dénomination de notre école)	61
Connaître l'avantage de la tactique	64

Connaître les qualités de chaque arme	65
A propos du rythme de la tactique	67

III. Eau 71

Position de l'esprit au milieu de cette tactique	72
Position du corps au milieu de la tactique	73
Au sujet de la position des yeux dans la tactique	74
Façon de tenir un sabre	75
Les mouvements des pieds	76
A propos des cinq façons de se mettre en garde................................	76
A propos de la voie du sabre	78
Le contenu des cinq figures, Figure I	79
Sur le contenu de la Figure II	79
Sur le contenu de la Figure III	80
Sur le contenu de la Figure IV	81
Sur le contenu de la Figure V	81
Sur la recommandation « prendre garde sans prendre garde »	82
Coup selon un seul rythme pour pourfendre un adversaire	83
Sur le rythme secondaire des reins	84
Le coup « sans pensée, sans aspect »	84
Le coup du cours d'eau	85
Éraflure au hasard	85
Éraflure rapide comme une étincelle	86
Coup de feuille d'érable................	86
A propos du corps qui remplace le sabre................................	87
Au sujet des coups et éraflures	87
Position du singe de l'espèce aux mains courtes	88
Position des corps adverses comme s'ils	

Traité des Cinq Roues 187

étaient laqués ou collés	88
Concours de taille	89
Adhérez bien	89
Foncer sur l'adversaire avec notre corps	90
Trois sortes d'interception	90
Piquer le visage de l'adversaire	91
Piquer le cœur de l'adversaire	91
Au sujet de « Kâtsu ! »	92
Interception en claquant	93
Au centre d'une mêlée	93
Sur l'efficacité des échanges de coups	95
Au sujet d' « un seul coup »	95
Sur la position de l'esprit pénétrant	95
IV. Feu	98
Au sujet de la topographie des lieux de combat	100
Trois façons de prendre l'initiative	101
Presser l'oreiller de l'adversaire	104
Dépasser le courant critique	105
Conjecture du cours	106
Fouler le sabre	107
Savoir faire effondrer	108
Devenez votre adversaire	109
Séparer les quatre mains	110
Faire bouger l'ombre	111
Comprimer l'ombre	112
Sur la transmission	112
Faire perdre à l'adversaire son équilibre mental	113
Effrayer	114
Sur l'enchevêtrement	115
Toucher son adversaire dans un coin	115
Faire naître une certaine tension nerveuse chez l'adversaire	116
Sur les trois sortes de cris	117

Sur le zigzag 118
Neutraliser 118
Passage de la montagne à la mer 119
Ôter le fond 120
Se rénover.......................... 121
Tête de rat et tête de bovin 121
Le général connaît ses soldats 122
Lâcher la poignée..................... 122
Le corps comme un rocher 122

V. Vent 124

Sur l'école qui préfère les sabres de grandes dimensions.................... 125
Ce que les autres écoles entendent par « sabre fort » 127
Utilisation du sabre court dans d'autres écoles 128
Autres écoles du sabre aux techniques variées 129
Préoccupation de la garde du sabre dans les autres écoles 131
Les yeux fixés selon d'autres écoles 132
La façon de tenir ses pieds dans d'autres écoles 134
Préférence pour la rapidité dans d'autres écoles de la tactique 136
Au sujet de ce que d'autres écoles entendent par profondeur et superficialité 137

VI. Vide 140

ÉPILOGUE............................... 143

I. Noyau de la spiritualité japonaise........ 145
II. L'époque de Miyamoto Musashi et les Européens......................... 150
III. Choix de l'emblème national japonais 177

EXTRAITS DU CATALOGUE

Spiritualités vivantes / Poche

108. *Sermons sur le zen. Réflexions sur la Terre Pure*, traduits et présentés par Maryse et Masumi Shibata.
110. *L'Anneau de la voie*, Taisen Deshimaru.
119. *Zen et samouraï*, Suzuki Shôsan, traduit et présenté par Maryse et Masumi Shibata.
123. *Moine zen en Occident*, Roland Rech.
131. *La Vision profonde. De la pleine conscience à la contemplation intérieure*, Thich Nhat Hanh.
139. *La Respiration essentielle* suivi de *Notre Rendez-vous avec la vie*, Thich Nhat Hanh.
143. *L'Enfant de pierre et autres contes bouddhistes* Thich Nhat Hanh.
151. *Le Silence foudroyant. Le Soutra de la Maîtrise du Serpent* suivi du *Soutra du Diamant*, Thich Nhat Hanh.
155. *La Saveur du zen. Poèmes et sermons d'Ikkyû et de ses disciples*, traduits et présentés par Maryse et Masumi Shibata.
159. *Pour la lune et labourer les nuages*, Maître Dôgen, anthologie présentée par J. Brosse.
160. *L'Éveil subit*, Houei-Hai, suivi de *Dialogues du Tch'an*, traduits et présentés par Maryse et Masumi Shibata.
163. *Zen et Occident*, Jacques Brosse.
166. *Transformation et guérison. Le Sûtra des Quatre Établissements de l'attention*, Thich Nhat Hanh.
167. *La Lumière du satori selon l'enseignement de Taisen Deshimaru*, Evelyn de Smedt.
172. *L'Esprit du Ch'an. Aux sources chinoises du zen*, Taisen Deshimaru.
174. *Le Recueil de la falaise verte. Kôans et poésies du zen*, traduits et présentés par Maryse et Masumi Shibata.
182. *Les maîtres zen*, Jacques Brosse.
184. *La rencontre du bouddhisme et de l'Occident*, Frédéric Lenoir.
202. *Essais sur le bouddhisme zen*, Daisetz Teitaro Suzuki.
203. *Le Trésor du zen* suivi de *L'Autre rive*, textes de Maître Dôgen commentés par Taisen Deshimaru.
213. *Enseignements sur l'amour*, Thich Nhat Hanh.
220. *Cent kôans zen*, commentés par Nyogen Senzaki.

Espaces libres

11. *Zen et self-control*, Dr Ikemi et Taisen Deshimaru.
27. *Le Zen et la Bible*, Kalichi Kadowaki.
41. *Le Zen en chair et en os*, Paul Reps.

47. *Méditation zen et prière chrétienne*, Enomiya Lassale s.j.
57. *Les Chemins du zen*, Daisetz Teitaro Suzuki.
72. *Le Doigt et la lune. Histoires zen*, Alexandro Jodorowsky.
112. *L'Art du kôan zen*, Taïkan Jyoji (inédit).
124. *Aux sources du zen*, Albert Low.
131. *L'Esprit des arts martiaux*, André Cognard.
152. *Le rire du tigre. Dix ans avec maître Deshimaru*, Marc de Smedt.

Albin Michel Spiritualités / Grand format

Maître Dôgen. Moine zen, philosophe et poète, Jacques Brosse.
Pratique du zen vivant. L'enseignement de l'éveil silencieux, Jacques Brosse
L'Art de la paix. Un maître zen engagé dans le monde d'aujourd'hui, Bernie Glassman.
Comment accommoder sa vie à la manière zen, selon les Instructions de Maître Dôgen, Bernie Glassman.
L'Expérience du zen, Thomas Hoover.
Mu, le maître et les magiciennes, Alexandro Jodorowsky.
Mystique et Zen suivi du Journal d'Asie, Thomas Merton.
Le Chant de l'Éveil. Le Shôdôkâ commenté par un Maître zen, Kôdô Sawaki.
Vers le Vide, Saigyô, poème traduits par Abdelwahab Meddeb et Hiromi Tsukui
Rien qu'un sac de peau, le zen et l'art de Hakuin, Kazuaki Tanahashi.
Changer l'avenir pour une vie harmonieuse, Thich Nhat Hanh.
Nâgârjuna et la doctrine de la vacuité, Jean-Marc Vivenza.

Beaux Livres

L'Univers du Zen. Histoire, spiritualité, civilisation, de Jacques Brosse.
Zen (album illustré), Laurent Kaltenbach, Michel Bovay et Evelyn de Smedt.
Une Promenade au Japon, de Hachiro Kanno.

Carnets de sagesse

Paroles zen, Marc de Smedt et Taisen Deshimaru.

Les Carnets du calligraphe

Poèmes zen de Maître Dôgen, traduits et présentés par Jacques Brosse, calligraphies de Hachiro Kanno.
Le Sabre et le pinceau. Poèmes anciens du Japon, de Maître Akeji.

« *Spiritualités vivantes* »
Collection fondée par Jean Herbert

au format de poche

DERNIERS TITRES PARUS

158. *Sagesses de la mort*, de Z. BIANU.
159. *Polir la lune et labourer les nuages*, de Maître DÔGEN, anthologie présentée par J. BROSSE. (Inédit)
160. *L'Éveil subit*, de HOUEI-HAI suivi de *Dialogues du Tch'an*, traduits et présentés par M. et M. SHIBATA.
161. *L'Imitation de Jésus-Christ*, trad. par P. CORNEILLE.
162. *Dieu au-delà de Dieu, sermons XXXI à LX*, de Maître ECKHART, traduits et présentés par G. JARCZYK et P.-J. LABARRIÈRE. (Inédit)
163. *Zen et Occident*, de J. BROSSE.
164. *Dialogue sur le chemin initiatique*, de K. G. DÜRCKHEIM et A GOETTMANN.
165. *Prendre soin de l'être*, de J.-Y. LELOUP.
166. *Transformation et guérison*, de THICH NHAT HANH.
167. *La Lumière du Satori selon l'enseignement de Taisen Deshimaru*, d'E. DE SMEDT.
168. *Job sur le chemin de la Lumière*, d'A. de SOUZENELLE.
169. *Le Chœur des Prophètes. Enseignements soufis du Cheikh 'Adda BENTOUNÈS*.
170. *Guérir du malheur*, de L. BASSET.
171. *Le Pouvoir de pardonner*, de L. BASSET.
172. *L'Esprit du Ch'an, Aux sources chinoises du zen*, de T DESHIMARU.
173. *Passerelles. Entretiens avec des scientifiques sur la nature de l'esprit*, du DALAÏ-LAMA.
174. *Le Recueil de la falaise verte, kôans et poésies du Zen*, traduit et présenté par M. et M. SHIBATA. (Inédit)
175. *L'Islam au féminin. La femme dans la spiritualité musulmane*, d'A. SCHIMMEL.
176. *Et ce néant était Dieu..., sermons LXI à XC*, de Maître ECKHART, traduits et présentés par G. JARCZYK et P.-J. LABARRIÈRE. (Inédit)
177. *L'Évangile de Marie-Myriam de Magdala*, de J.-Y. LELOUP

178. *Le Féminin de l'être. Pour en finir avec la côte d'Adam*, d'A. de Souzenelle.
179. *Dictionnaire des symboles musulmans. Rites, mystique et civilisation*, de M. Chebel.
180. *Etty Hillesum*, de P. Lebeau.
181. *Bernard de Clairvaux*, de M.-M. Davy.
182. *Les Maîtres Zen*, de J. Brosse.
183. *Les Psaumes*, traduits et présentés par P. Calame et F. Lalou.
184. *La Rencontre du bouddhisme et de l'Occident*, de F. Lenoir.
185. *Moïse*, de J. Blot.
186. *Mahomet*, de S. Stétié.
187. *Le Rêve du papillon*, de Tchouang Tseu.
188. *Entre source et nuage*, de F. Cheng.
189. *Dietrich Bonhoeffer. Résistant et prophète d'un christianisme non religieux*, d'A. Corbic.
190. *La Voie de la perfection*, de B. Elahi.
191. *La Rose aux treize pétales*, d'A. Steinsaltz.
192. *Le Vin mystique*, de S. Stétié.
193. *Comprendre le Tao*, de I. Robinet.
194. *Le Coran*, de J. Berque.
195. *Introduction au Talmud*, d'A. Steinsaltz.
196. *Épictète et la sagesse stoïcienne*, de J.-J. Duhot.
197. *La Spiritualité orthodoxe et la Philocalie*, de P. Deseille.
198. *Confucius*, de J. Levi.
199. *Teilhard de Chardin*, d'É. de la Héronnière.
200. *« Moi je ne juge personne ». L'Évangile au-delà de la morale*, de L. Basset.
201. *L'Évangile de Philippe*, de J.-Y. Leloup.
202. *Essais sur le bouddhisme zen*, de D. T. Suzuki.
203. *Le Trésor du zen*, textes de Maître Dôgen commentés par T. Deshimaru.
204. *La Prière en Islam*, d'E. de Vitray-Meyerovitch.
205. *Cabale et cabalistes*, de C. Mopsik.
206. *Jacques, frère de Jésus*, de P.-A. Bernheim.
207. *Les Dits du Bouddha. Le Dhammapada*.
208. *À Bible ouverte. La Genèse ou le livre de l'homme*, de J. Eisenberg et A. Abécassis.
209. *L'Enseignement de Mâ Ananda Moyî*, trad. par J. Herbert.
210. *Tantra Yoga*, trad. et prés. par D. Odier.
211. *La Joie imprenable*, de L. Basset.
212. *Jésus, illustre et inconnu*, de J. Prieur et G. Mordillat.

213. *Enseignements sur l'amour*, de Thich Nhat Hanh.
214. *Hillel*, de M. Hadas-Lebel.
215. *Psychologie du yoga de la Kundalinî*, de C.G. Jung.
216. *La Nuit privée d'étoiles* suivi de *La Paix monastique*, de T. Herton.
217. *Rachi de Troyes*, de S. Schwarzfuchs.
218. *L'Enseignement de Ramana Maharshi*, trad. E. Braitenberg
219. *Les Quatrains d'Omar Khayyam*, trad. O. Ali-Shah.
220. *Cent kôans zen*, commentés par N. Senzaki.
221. *Lévinas, la vie et la trace*, de S. Malka.
222. *Le Mahâbhârata*, conté selon la tradition orale.
223. *Le Râmâyana*, conté selon la tradition orale.

Impression Bussière, mars 2006
Editions Albin Michel
22, rue Huyghens, 75014 Paris
www.albin-michel.fr
ISBN 2-226-01852-2
ISSN 0755-1746
N° d'édition : 24351. – N° d'impression : 060910/1
Dépôt légal : août 1983.
Imprimé en France.